우리가 잘 몰랐던
신기한 생물 이야기

일러두기

1. 과학 용어는 아이들이 일상에서 많이 쓰지 않는 어려운 전문 용어가 많습니다. 초등학교 과학 교과서에 나오지 않거나 어려운 과학 용어는 별도로 표시하고, 본문에서 꼭 짚고 넘어가야 할 과학 용어는 '생물학교' 정보에 싣고, 그 밖의 과학 용어는 본문 뒤에 간단한 설명을 실었습니다.
2. 생물의 역사(고생대, 중생대, 신생대) 년도 표기는 위키백과를 기준으로 삼았습니다.

우리가 잘 몰랐던
신기한 생물 이야기

국립생물자원관 전시교육과 기획 | 국립생물자원관 지음

추천의 글

마음을 설레게 하는 생물과의 만남!

주변을 둘러보면 흔히 볼 수 있는 식물, 동물, 곤충, 그리고 잘 보이지 않는 미생물들……. 이렇게 살아 있는 생명체만큼 마음을 설레게 하는 것이 또 있을까요?

크고 작은 다양한 생물은 변화무쌍, 예측불허의 빛깔과 모양으로 생물학자들의 마음을 애태우게 합니다. 지구 상에는 1,300만 종의 생물 종이 있는 것으로 추정되는데, 현재 175만 종만 이름을 가지고 있고, 한반도에는 10만 종 가운데 약 4만 2,000여 종 정도가 밝혀졌습니다. 국립생물자원관의 연구자들은 이러한 생물을 만나기 위해 가파른 절벽이나 수심 30미터 이상의 바닷속을 탐사하고, 철새를 만나기 위해 매서운 꽃샘추위와 바다 바람을 이기며 탐사하고 연구합니다.

이러한 연구 성과를 어린이의 눈높이에 맞춰 '생물학자의 눈에 비친 신기한 생물'을 소개하고, 동시에 생물 다양성과 환경의 관계도 함께 조명할 수 있는 과학

책 『우리가 잘 몰랐던 신기한 생물 이야기』를 발간하게 된 것을 참으로 기쁘게 생각합니다.

이 책은 크게 2개의 주제로 나누었습니다. 1부에서는 21세기의 자원, 생물자원을 알아보고, 2부에서는 우리가 잘 몰랐던 생물들의 생태를 재미있게 살펴봅니다.

이 책을 발간하기까지 연구하고 원고를 작성해 주신 각 분야의 국립생물자원관 박사님들의 노고에 진심으로 감사드립니다. 더불어 이 책을 읽는 모든 어린이들이 생물에 대한 관심을 갖고 환경을 이해하는 마음을 가질 수 있기를 바랍니다.

국립생물자원관장

김 상 배

들어가는 글

신비로운 생물의 세계로 여행을 떠나요!

아주 먼 옛날 생물은 어떻게 나타났을까요? 과학자들에 따르면 지금으로부터 38억 년 전 지구에 최초의 생명체가 출연했다고 해요. 당시의 생명체들은 주로 바다에서 생겨났는데, 단세포에 가까웠대요.

그렇다면 지금 지구에 살고 있는 모든 것들은 생물일까요? 반은 맞고 반은 틀린 말이에요. 왜냐하면 지구의 모든 것들은 생물과 무생물로 나뉘거든요. 우리가 앞으로 알아볼 생물은 숨을 쉬고, 영양분을 섭취하며, 자손을 퍼뜨릴 수 있어요. 무생물은 이런 일들을 할 수 없는 컴퓨터, 옷, 책 등을 말해요.

그렇다면 생물은 누가 연구하는 걸까요? 바로 생물학자들이지요. 생물학자들은 셀 수 없이 많은 생물을 더 쉽고 정확하게 연구하기 위해 분류를 하기 시작했어요. 그러니까 모양이나 사는 곳 등 특정한 기준에 따라 비슷한 생물끼리 묶어 종류별로 구분한 거지요. 체계적으로 생물을 정리하기 위해 과학자들은 여러 가지 기준을 마련했고, 그 결과 우리 지구에는 1,300만 종이 넘는 생물 종이 살고 있다는 걸 알게 되었어요.

    생물학(생물이란 무엇이며, 그 생물이 어떻게 살아가는지를 포함해 생물에 관한 모든 것을 다루는 과학 분야)에는 많은 분야가 있는데, 생물학자들은 대부분 그중에서 어느 한 분야를 선택해서 집중적으로 연구해요. 생물학의 연구 대상에는 아주 큰 동물과 식물에서부터 보이지 않을 정도로 작은 생명체에 이르기까지 모든 생물이 다 포함돼요. 이 책을 쓴 국립생물자원관의 박사님들도 매일같이 생물을 연구하며, 생물의 발생과 발전 규칙을 탐구해요. 이 책은 그 연구를 한데 모은 것으로, 우리나라에 살고 있는 다양한 생물을 만나볼 수 있어요. 그럼 지금부터 신나는 생물 여행을 떠나 볼까요?

추천의 글 • 4
들어가는 글 • 6
한눈에 보는 생물의 역사 • 12
한눈에 보는 생물의 분류 • 14
한눈에 보는 동물계 • 15

1부 더불어 사는 생물자원

물과 갯벌에 사는 생물자원 1	아름다운 바다숲, 해조류가 만들어요 • 18
물과 갯벌에 사는 생물자원 2	우리는 지구 끝까지 간다, 옆새우류 • 22
물과 갯벌에 사는 생물자원 3	갯벌의 환경미화원, 갯지렁이 • 26
물과 갯벌에 사는 생물자원 4	갯벌이 살아야 백합이 산다 • 30
물과 갯벌에 사는 생물자원 5	고래와 닮은꼴 식물, 거머리말 • 34

내가 두루미야!

하늘에 사는 생물자원 1	우리나라의 겨울 손님, 두루미 • 38
하늘에 사는 생물자원 2	호랑나비 속에서 산호랑나비를 찾아라 • 42
하늘에 사는 생물자원 3	겨울에도 눈에 띄는 실잠자리 • 44
하늘에 사는 생물자원 4	생태계의 균형 유지, 기생벌이 앞장서요 • 48
하늘에 사는 생물자원 5	숨 막히는 도시를 숨 쉬게 하는 새들의 이야기 • 52

작지만 소중한 생물자원 1	얼굴을 예쁘게 가꾸는 화장품, 미생물이 원료래요 • 56
작지만 소중한 생물자원 2	산소의 50퍼센트, 미생물이 만들어요 • 60
작지만 소중한 생물자원 3	식물에도 미생물이 살아요 • 64
작지만 소중한 생물자원 4	바이오에너지를 꿈꾸는 미세조류 • 68
작지만 소중한 생물자원 5	자연을 지키는 번개맨, 버섯 • 70

2부 신기한 생물 이야기

난 우산처럼 생겼지~

신기한 동물 이야기 1	세상에서 가장 큰 물고기, 고래상어 • 76
신기한 동물 이야기 2	경쟁을 피해 살아가는 박새류의 지혜 • 80
신기한 동물 이야기 3	도움을 주고받는 사이, 갯벌과 갯벌 생물 • 84
신기한 동물 이야기 4	하늘의 제왕 독수리의 불편한 진실 • 86
신기한 동물 이야기 5	아름다운 섬 가거도에서 독실산거머리를 만나요 • 90
신기한 동물 이야기 6	지금보다 미래가 더 기대되는 선충 • 94
신기한 식물 이야기 1	뿌리에 독을 품은 천사의 꽃, 지리강활 • 98
신기한 식물 이야기 2	멸종 위기종, 독미나리를 보호하라 • 102
신기한 식물 이야기 3	먹을 수 있는 나물, 먹을 수 없는 독초 • 106
신기한 식물 이야기 4	비단처럼 고운 비단망사 • 110
신기한 식물 이야기 5	뿌리가 없는 식물, 이끼의 비밀 • 112

신기한 곤충 이야기 1	끈질기게 살아남기 위한 진딧물의 지혜 • 116
신기한 곤충 이야기 2	매미의 조용한 울음소리에 귀 기울여 보세요 • 120
신기한 곤충 이야기 3	곤충의 재미있는 방어 전략 • 122
신기한 곤충 이야기 4	기생파리를 예쁘게 봐 주세요 • 126
신기한 곤충 이야기 5	긴다리소똥구리를 기다리고 있습니다 • 130

방과 후 생물학교 1	신비로운 생명, 염색체에서 시작해요 • 134
방과 후 생물학교 2	최고의 유전자를 지켜라 • 138
방과 후 생물학교 3	알쏭달쏭 재미있는 식물의 학명 • 142
방과 후 생물학교 4	국가가 정한 식물의 이름, 국명 • 146
방과 후 생물학교 5	진드기로부터 살아남기 • 150
방과 후 생물학교 6	우리 생물을 사랑해 주세요 • 154

용어 설명 • 158

한눈에 보는 생물의 역사

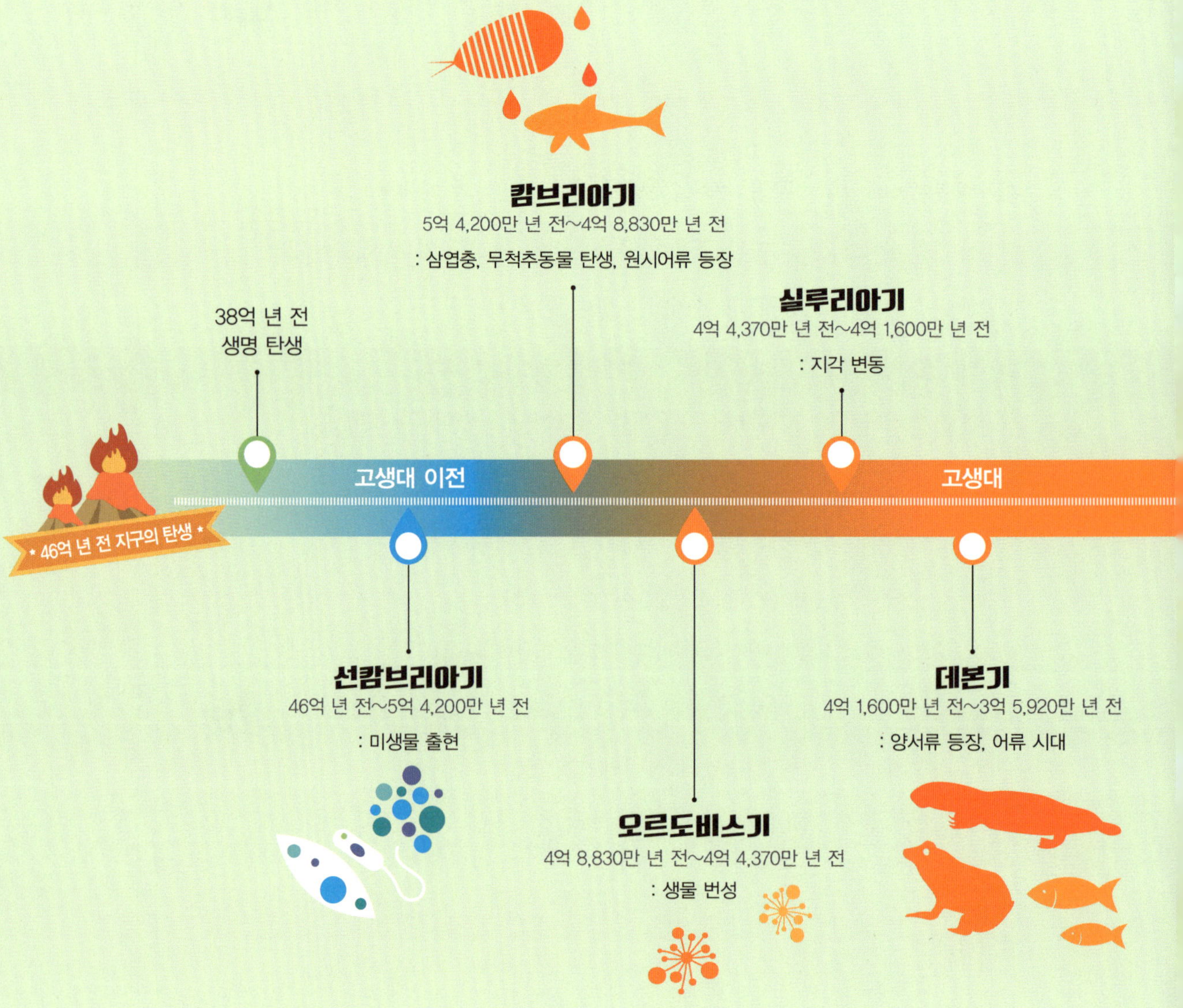

46억 년 전 지구의 탄생

38억 년 전 생명 탄생

고생대 이전

고생대

선캄브리아기
46억 년 전~5억 4,200만 년 전
: 미생물 출현

캄브리아기
5억 4,200만 년 전~4억 8,830만 년 전
: 삼엽충, 무척추동물 탄생, 원시어류 등장

오르도비스기
4억 8,830만 년 전~4억 4,370만 년 전
: 생물 번성

실루리아기
4억 4,370만 년 전~4억 1,600만 년 전
: 지각 변동

데본기
4억 1,600만 년 전~3억 5,920만 년 전
: 양서류 등장, 어류 시대

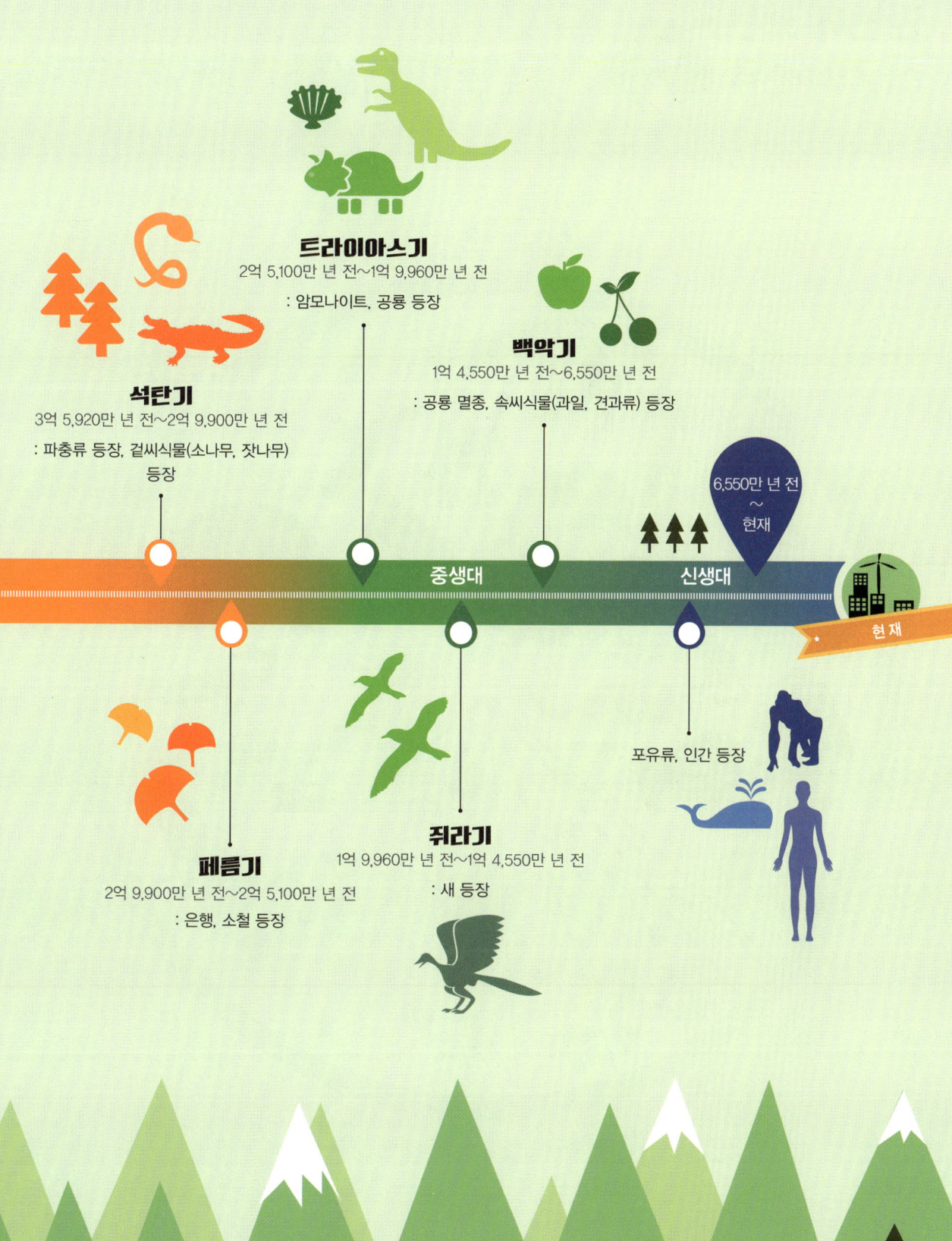

한눈에 보는 생물의 분류

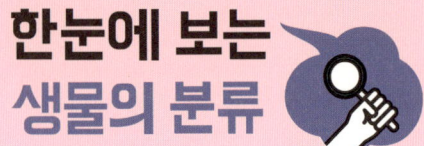

분류법은 여러 가지가 있지만 가장 많이 쓰이는 것은 모든 생물을 다섯 개의 큰 집단으로 나눈 5계(界) 분류예요. 5계는 동물, 식물, 균(균류), 원생생물, 원핵생물로 구분돼요. 그중 동물계는 나머지 4계 분류를 모두 합친 것보다 3배나 커요.

동물

나비는 동물계에 속해~

원핵생물 · 원생생물 · 균류 · 식물

한눈에 보는 동물계

우리가 '고양이'라고 부르는 동물을 영어로는 'cat(캣)'이라고 하지요. 이렇게 생물 종은 나라마다 부르는 이름이 달라요. 그래서 생물을 연구하기 위해 각각의 종에 학명을 붙여 전 세계에서 똑같이 사용해요. 현대 생물 분류 체계를 만든 사람은 18세기 스페인 식물학자 칼 폰 린네예요. 오늘날에는 린네의 분류법을 바탕으로 '종속과목강문계'라는 7단계로 모든 생물을 분류한답니다.

고양이의 분류

종 일반적으로 같은 종류라고 하는 생물의 무리를 말해요. 같은 종끼리일 때만 짝짓기가 가능해요.

속 아주 비슷한 특징을 가진 몇 개의 종이 모인 것을 말해요.

과 비슷한 특징을 가진 몇 개의 속이 모인 것을 말해요.

목 사이가 가까운 몇 개의 과가 모인 것을 말해요.

강 공통점이 있는 몇 개의 목이 모인 것을 말해요.

문 아주 먼 옛날의 공통된 조상을 가진 생물의 무리를 말해요.

계 생물의 분류 단계 중에서 가장 큰 단위를 말해요.

야생고양이 **종**

고양이 **속**

고양잇 **과**

식육 **목**

포유 **강**

척색동물 **문**

동물 **계**

더불어 사는 생물자원

원유, 광물, 산림 등 우리가 살아가는 데 필요한 원료를 자원이라고 해요. 기술, 노동력 등 눈에 보이지 않는 자원도 있지요. 그런데 우리 생활에 도움을 주는 동식물도 자원이 될 수 있어요. 이러한 동식물을 '생물자원'이라 불러요. 생물자원은 21세기에 가장 중요한 자원 중 하나로 꼽힌답니다.

물과 갯벌에 사는 생물자원 1

아름다운 바다숲, 해조류가 만들어요

조가연

    넓고 푸른 바다는 우리의 가슴을 시원하게 해 주고 꿈과 모험심을 심어 주기도 하는 고마운 친구입니다. 또한 헤아릴 수 없이 깊고 넓은 바다는 수많은 생명을 품어 주는 어머니 같은 곳이기도 합니다. 바닷속에는 작은 플랑크톤에서부터 커다란 고래에 이르기까지 온갖 생물이 살아 숨 쉬고 있어요. 뿐만 아니라 '바다숲(해중림)'도 있습니다. 바다숲은 수많은 해양 동물의 먹이가 되고, 집이 되고, 놀이터가 되는 곳이에요.

바다숲을 만드는 해조류

    바다숲은 대부분 해조류로 이루어져 있습니다. '바다풀'이라고도 부르는 해조류는 바다에 사는 **다세포** 조류를 통틀어 일컫는 이름입니다. 조류란 꽃을 피우지 않는 식물을 가리키는 말인 은화식물의 한 무리로, 물속에서 살아갑니다.

    그런데 해조류는 물속에서 어떻게 살 수 있을까요? 걱정할 것 없습니다. 해조류도 보통 식물들처럼 **엽록소**로 영양분을 만듭니다. 또한 고사리나 버섯처럼 **홀씨**

해조류 중 갈조류에 속하는 다시마　　　　해조류 중 갈조류에 속하는 모자반 ©고용덕

(포자)로 번식을 합니다.

　한 가지 재미있는 점은 해조류는 잎, 줄기, 뿌리가 구별되지 않는다는 것입니다. 따라서 해조류의 몸에는 뿌리로 빨아들인 양분과 물을 잎으로 보내는 물관이나, 잎에서 **광합성**을 통해 만든 생산물을 필요한 곳으로 보내는 체관 같은 조직이 없습니다.

엽록소와 광합성

엽록소는 식물의 잎 속에 들어 있는 화합물로 녹색을 띱니다. 식물의 잎이 녹색으로 보이는 것은 엽록소의 녹색 빛깔 때문이에요. 엽록소는 식물의 엽록체 속에서 태양의 빛 에너지를 흡수해 광합성을 해요. 엽록소의 종류로는, 엽록소 a, b, c, d, e와 박테리오클로로필 a와 b 등 여러 가지가 있어요. 광합성은 태양에서 받은 빛에너지를 이용해 뿌리가 빨아올린 물과 잎이 빨아들인 이산화탄소로부터 포도당을 만들어 내는 작용이에요. 포도당은 식물에게 꼭 필요한 주요 영양분입니다.

해조류는 어떻게 구분하나요?

해조류는 자신이 가진 색소의 종류에 따라 녹조류, 갈조류, 홍조류로 구분됩니다. 녹조류는 땅에 사는 육상 식물과 같이 엽록소 a와 b를 가지고 있어 일반적으로 녹색을 띱니다. 우리가 잘 아는 청각, 파래, 매생이 등이 녹조류에 속합니다.

녹조류에 속하는 파래

갈조류는 황갈색 해조류입니다. 엽록소 a와 c, 다량의 갈조소(갈조류에 들어 있는 적갈색 색소) 등을 포함하고 있기 때문에 황갈색을 띱니다. 미역과 다시마, 감태, 모자반 등이 대표적인 갈조류에 해당하지요. 또한 '마크로시스티스'는 세계적으로 유명한 거대 갈조류입니다. 미국, 캐나다, 칠레 등의 태평양 연안과 남아프리카공화국, 호주, 뉴질랜드 등에 살고 있는 마크로시스티스는 길이가 수십 미터에 이르기도 합니다.

난 녹조류에 속하는 청각이야!

홍조류는 엽록소 a와 피코빌린이라는 색소를 갖고 있기 때문에 붉은색을 띱니다. 우리가 즐겨 먹는 김이 대표적인 홍조류입니다. 또 양갱의 원료로 쓰이는 한천(우무)을 많이 함유하고 있는 우뭇가사리, 꼬시래기 등도

| 홍조류에 속하는 우뭇가사리 | 홍조류에 속하는 잎꼬시래기 |

홍조류에 속합니다.

　이렇듯 해조류는 색소의 종류와 양에 따라 여러 가지 색깔을 띠며 물속에서 알록달록 빛을 뿜내고 있습니다. 바다는 겉으로는 푸른빛만 드러내지만 속 깊은 곳에는 다채로운 빛을 품고 있습니다. 온갖 빛깔의 꽃이 만발한 화원을 갖고 있는 셈이지요.

바다의 채소

우리나라와 일본, 대만 등에서는 해조류가 중요한 생물자원입니다. 식탁에 오르면 반가운 '바다의 채소'로 여기지요. 이에 비해 서양에서는 해조류를 썩 반기지 않아요. 서양 사람들의 식탁에서는 좀처럼 해조류를 찾아보기 어렵지요. 해조류를 가장 많이 먹는 나라는 단연 일본입니다. 일본 사람들은 석기 시대 때부터 해조류를 즐겨 먹었다고 해요. 일본 사람들이 장수하는 비결을 해조류에서 찾기도 하는데, 그래서 최근 서양 의학계에서는 해조류를 새롭게 바라보고 있어요.

물과 갯벌에 사는 생물자원 2

우리는 지구 끝까지 간다, 옆새우류

은예

우리는 주로 눈에 잘 보이는 커다란 생물들에만 관심을 갖고 연구합니다. 하지만 정작 이 세상에는 큰 생물보다 작은 생물이 더 많이 살고 있습니다. 조그맣다고 해서 관심을 갖지 않으면 잘 보이지 않는 이 생물들은 깜짝 놀랄 만큼 신비롭고 다양한 생활 방식으로 살아갑니다. 이 작은 생물들 가운데 온 지구를 정복한 갑각류를 소개하고자 합니다. 그 주인공은 바로 옆새우류입니다.

새우와 다르게 생긴 특별한 새우

옆새우류는 말 그대로 옆으로 누워 있는 모습을 하고 있습니다. 이 작은 갑각류는 보통 새우류처럼 척추가 없는 **무척추동물**이지만, 자세히 보면 새우류와는 조금 다르게 생겼습니다. 보통 새우류는 가슴다리가 5쌍인데, 옆새우류는 7쌍이지요. 옆새우류의 크기는 3~50밀리미터 사이로 다양하니

옆새우류의 일반적인 형태

다. 대부분 10밀리미터 내외인데, 양옆으로 납작하게 생겼지요. 극지방에 사는 옆새우류 중엔 손바닥만큼 큰 종류도 있습니다.

옆새우류가 사는 곳은 어디일까요?

옆새우류는 지구 상 어디에서든 찾아볼 수 있습니다. 극지방의 얼어 있는 바다에서부터 타는 듯 더운 적도의 바다, 높은 산의 계곡과 습한 땅속, 동굴, 하천, 갯벌, 모래, 바위 밑까지 안 사는 곳이 없습니다. 심지어 해조류나 무척추동물 속에서도 볼 수 있습니다. 한마디로 모든 지역에 적응하여 살아가고 있는 것입니다. 극지방에서는 크릴새우 다음으로 옆새우류가 풍부하여 고래들의 좋은 먹잇감이 되고 있습니다. 우리나라에도 참 다양한 옆새우류가 서식하는데, 현재까지 약 190여 종이 알려져 있습니다.

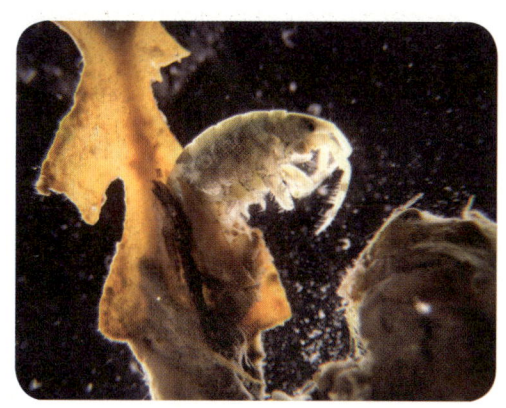
해조류에 집을 짓고 사는 옆새우류

옆새우류의 생활 모습

옆새우류는 몸이 옆으로 납작하게 생겼기 때문에 하루의 대부분을 옆으로 누운 채 지냅니다. 계곡의 바위나 낙엽을 들치면 머리와 꼬리를 구부렸다 폈다 하면서 옆으로 누워 도망치는 옆새우류를 볼 수 있지요. 계곡에 사는 옆새우류는 깨끗한 물에만 살 수 있는 **환경 지표종**입니다. 약수터에서 옆새우류를 봤다면, 안

심하고 약수를 마셔도 됩니다. 한편 해수욕장의 모래에 서식하는 옆새우류는 꼬리 쪽의 다리를 이용해 톡톡 튀면서 이동합니다. 또한 옆새우류이긴 하지만 대나무처럼 생겨 바다대벌레라고 불리는 종은 자벌레처럼 몸을 구부렸다 폈다 하면서 해조류나 무척추동물의 몸 위를 기어 다닙니다.

대롱처럼 생긴 집을 가지고 헤엄치는 옆새우류

가시투성바다대벌레

옆새우류는 작은 규조류(식물플랑크톤의 일종), 썩은 낙엽이나 플랑크톤을 먹습니다. 일부 육식성 옆새우류는 물고기를 먹기도 하지요. 우리나라 동해안에는 약 3센티미터 크기의 육식성 옆새우류가 살고 있습니다. 이 녀석들은 그물에 걸린 물고기를 뼈만 남기고 먹어 치워 어부들의 미움을 사기도 합니다.

옆새우류의 오늘과 내일

요즘 옆새우류는 거북이 같은 애완동물의 먹이로 판매되기도 합니다. 자연에서는 1·2차 소비자로서 가재와 새, 물고기들의 주요 먹이입니다. 따라서 생태계에서 옆새우류가 맡은 역할은 아주 중요합니다. 그런데 이렇게 중요한 생물임에도 불구하고 옆새우류는 환경 오염으로 인해 사라져 가고 있습니다. 이제 작은 생명들에게 눈을 돌려 관심을 가질 때입니다.

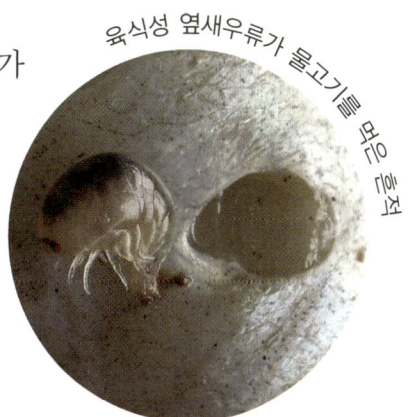
육식성 옆새우류가 물고기를 뜯고 있는 장면

생산자와 소비자

생태계는 생산자와 소비자로 이루어져 있어요. 생산자는 스스로 양분을 만들어 내는 식물입니다. 이 생산자인 식물을 먹이로 삼는 동물은 1차 소비자예요. 1차 소비자는 '소비자'의 가장 낮은 단계로, 토끼 같은 초식 동물이 대표적이지요. 2차 소비자는 1차 소비자를 먹이로 삼는 육식 동물입니다. 가장 높은 단계의 3차 소비자는 2차 소비자를 먹이로 삼는 동물로, 매나 메기 등을 꼽을 수 있어요.

물과 갯벌에 사는 생물자원 3

갯벌의 환경미화원, 갯지렁이

박태서

　바닷가에서 썰물 때 바닷물이 빠져나간 뒤 드러난 널따란 땅을 본 적이 있을 겁니다. 이 땅을 갯벌이라고 해요. 우리나라의 경우 서해안과 남해안에서 갯벌을 많이 볼 수 있지요. 갯벌은 밀물과 썰물의 차이가 큰 해안(바다와 육지가 맞닿은 부분)에서 오랜 기간 퇴적물이 쌓이며 생겨나는데, 서해안과 남해안이 이러한 조건을 갖추고 있기 때문입니다. 퇴적물의 입자 크기에 따라 '모래 갯벌'이 발달할 수도 있고, 푹푹 빠지는 개흙이 가득한 '펄 갯벌'이 발달할 수도 있습니다. 갯벌에는 식물플랑크톤을 비롯해 온갖 생물들이 살고 있어요. 갯지렁이도 갯벌을 대표하는 생물 중 하나입니다.

갯지렁이는 어떤 동물일까요?

　땅에 사는 지렁이와 마찬가지로 갯벌에 사는 갯지렁이도 환형동물입니다. '환형'이란 고리 모양을 뜻하며, 이 고리 모양을 몸에 지닌 동물을 환형동물이라 합니다. 지렁이, 갯지렁이, 거머리 등이 여기에 속합니다. 갯지렁이의 고리 모양, 곧 환형은 작은 마디가 길고 가늘게 연결되어 있는 모양입니다.

갯지렁이가 보통 지렁이들과 다른 점은 몸 양쪽에 발이 나 있다는 것입니다. 이 발에는 강모라 불리는 털이 셀 수 없이 많은데, 그래서 갯지렁이를 '다모류'라고도 부릅니다. 또한 갯지렁이는 갯벌에 사는 생물들 중 그 수가 가장 많다고 알려져 있습니다. 몸길이도 눈에 안 보일 만큼 짧은 것부터 2미터에 이를 만큼 긴 것까지 다양하며, 색깔도 갈색, 노란색, 붉은색, 녹색 등 여러 가지입니다.

갯벌에 살고 있는 참갯지렁이

개성 만점 갯지렁이는 누구일까요?

부채발갯지렁이류의 일종인
녹색불꽃부채발갯지렁이

갯지렁이는 보통 갯벌에만 살고 있을 거라 생각합니다. 그런데 갯지렁이는 바닷속, 강어귀, 심지어 심해 열수구(뜨거운 물이 스며 나오는 바다 밑. 수 킬로미터 깊은 바다에 있다)에 살기도 합니다.

또한 갯지렁이 하면 길쭉하고 미끈미끈한 생김새를 먼저 떠올립니다. 하지만 갯지렁이의 생김새는 무척 다양합니다. 발의 일부가 부채를 닮은 부채발갯지렁이류, 유령이 머리를 풀어헤친 모양의 **촉수**를 가진 유령갯지렁이류, 몸 색깔이 화려하고 등에 물고기의 비늘처럼 생긴 덮개가 있는 비늘갯지렁이류 등은 독특한 생김새를 뽐내는 갯지렁이들입니다. 갯지렁이는 종의 수도 많아서 전 세계적으로 1만여 종, 우리나라에만 300여 종이 알려져 있습니다.

우리나라의 갯지렁이

우리나라에 사는 300여 종의 갯지렁이 중 갯벌에 주로 사는 갯지렁이는 100여 종 이상입니다. 참갯지렁이류, 비늘갯지렁이류, 유령갯지렁이류, 미갑갯지렁이류 등을 꼽을 수 있습니다. 참갯지렁이류는 낚시 미끼로 많이 쓰입니다. 특히 강화도 동막갯벌에서 주로 채집되는 흰이빨참갯지렁이의 경우 숭어 미끼로 인기가 좋아 마을의 주요 소득원이 됩니다. 1974년 4종이 발견되어 우리나라 학계에 처음 보고된 비늘갯지렁이류는 갯벌 **암반** 지대, **패류** 양식장, **조하대** 바위틈 등에서 쉽게 관찰할 수 있습니다. 물기가 있는 곳에서 모래나 펄로 집을 짓고 사는 유령갯지렁이류는 외국에서는 값진 연구 대상입니다. 유령갯지렁이류의 특성을 응용해 물에서 사용

유령갯지렁이류

비늘갯지렁이류

할 수 있는 접착제를 개발하려는 연구를 진행하고 있거든요.

갯지렁이는 갯벌에서 무엇을 할까요?

갯지렁이들은 갯벌에 없어서는 안 될 꼭 필요한 생물입니다. 갯지렁이들이 갯벌에 구멍을 내기 때문입니다. 그럼 갯벌을 망가뜨리는 거 아니냐고요? 그렇지 않습니다. 갯지렁이들이 갯벌에 구멍을 내 주는 덕분에 갯벌은 숨을 쉴 수 있는 거예요.

갯지렁이들은 갯벌의 펄, 모래, 바위틈 등에 쉴 새 없이 구멍을 냅니다. 그러면 공기 중의 산소가 구멍을 통해 갯벌 속으로 들어갑니다. 이렇게 들어간 산소는 갯벌 속 미생물이 유기물을 잘 분해할 수 있도록 돕지요. 미생물이 이 역할을 제대로 하지 못하면 갯벌은 썩게 됩니다. 그러니까 갯지렁이들은 갯벌을 깨끗하게 만드는 최고의 환경미화원입니다.

조하대

썰물로 바닷물이 빠져나가 해수면이 가장 낮아진 상태를 간조라고 해요. 간조는 달의 인력에 의해 하루에 두 번 일어납니다. 간조 때의 바다와 육지의 경계선, 즉 바닷물과 육지가 맞닿은 부분을 간조선이라 하며, 간조선으로부터 수심 40~60미터까지의 연안 구역을 조하대라고 불러요. 곧 조하대는 간조 때에도 물이 빠지지 않고 항상 물속에 잠겨 있는 부분에 해당되지요. 조하대에는 갯지렁이류뿐만 아니라 다시마류, 거머리말류 같은 해조류가 살고 있습니다.

물과 갯벌에 사는 생물자원 4

갯벌이 살아야 백합이 산다

길현종

대표적인 갯벌 생물인 조개는 우리 식탁에 자주 오르는 단골 메뉴입니다. 우리나라에서 식용으로 쓰이는 조개는 바지락, 가무락조개(모시조개), 동죽, 백합, 키조개, 맛조개 등 셀 수 없이 많습니다. 이 중 으뜸은 새조개 등과 함께 가장 비싼 가격에 거래되는 백합입니다. 조갯살도 많고 질기지 않으며, 담백하고 시원한 맛이 일품인 백합. 그런데 요즘 백합이 자취를 감추었다고 합니다. 백합에게 무슨 일이 있었던 걸까요?

왜 백합을 보기 힘든가요?

전라북도 부안은 우리나라 백합의 주산지입니다. 과거 이 지역에서는 백합으로 요리한 회, 부침, 탕, 구이 등 다양한 요리를 맛볼 수 있었습니다. 요즘도 백합 요리를 만날 수는 있지만, 예전만큼 장사진을 치는 일은 드뭅니다.

백합은 모래 성분의 **토질**이 섞인 갯벌에서 잘 서식합니다. 중국이나 일본에도 서식하고 있지만, 그 수는 우리나라의 서해안에 미치지 못합니다. 서해안에서 주로 생산되는 백합은 '말백합'입니다. 몸집이 크고 맛이 좋은 말백합은 1970년대에는 한 해 8,000톤이 넘게 일본으로 수출되기도 했습니다.

그러나 서해안과 남해안에서 대규모 **간척사업**이 진행되면서 백합이 줄어들기 시작했습니다. 당연히 수출량도 눈에 띄게 감소했습니다. 특히 주산지인 부안은 1990년대에 시작한 새만금 간척사업에 큰 영향을 받았습니다. 새만금 간첩사업 이후 백합의 수출은 거의 맥이 끊긴 상태입니다. 반면, 수입량은 해마다 늘고 있습니다. 2000년 78톤에 이른 수입량은 2012년 1,657톤으로 엄청나게 증가했습니다. 현재 국내 소비는 대부분 수입에 의존하고 있는 실정입니다.

말백합

간척사업

연안의 갯벌에 방조제를 쌓은 뒤 해안을 돌이나 흙으로 메워 육지처럼 만드는 작업입니다. 간척사업으로 만든 땅은 농토나 기타 산업 부지로 쓰여요. 우리나라는 갯벌이 발달한 서해안과 남해안이 간척사업을 하기에 적당한 곳이지요. 대표적인 간척사업으로는 계화도 간척사업(1963~1968), 시화 지구 간척사업(1987~1997), 서산 대호 지구 간척사업(1980~1996), 새만금 지구 간척사업(1991~2004) 등을 꼽을 수 있어요. 간척사업은 농토와 산업 부지를 마련한다는 면에서 경제적인 효과가 큽니다. 그러나 자연 생태계 파괴, 어민의 생활 터전 파괴 등의 문제가 뒤따릅니다.

새만금 갯벌은 어떤 곳인가요?

매립된 새만금 갯벌

새만금은 전라북도 부안군, 군산시, 김제시 일대의 지역입니다. '새만금'이라는 이름은 옛날부터 김제 만경평야를 일컬어 왔던 '금만(金萬)'이라는 말에서 비롯한 것입니다. 이 '금만'을 '만금(萬金)'으로 바꾼 뒤 새롭다는 뜻의 '새'자를 붙여 '새만금'이라 이름 지은 것입니다.

새만금 갯벌은 이 지역을 흐르는 동진강과 만경강에서 유입되는 적절한 양의 사니질(모래와 진흙이 섞인 토질)과 서해바다의 **영양 염류**가 잘 어우러진 갯벌입니다. 조개가 살기 좋은 갯벌이지요. 조개가 많이 나라고 굳이 어린 조개를 뿌리지 않아도 발에 밟힐 만큼 조개가 풍부했던 곳입니다. 우리나라의 백합 가운데 90퍼센트가 이곳에서 생산될 정도였습니다. 그러나 새만금 간척사업에 따른 담수화(바닷물이 소금기가 줄어 민물이 되는 것)로 이 지역에서 백합이 자취를 감추었습니다.

현재 백합은 전라남도 영광 갯벌에서 연간 20~30톤 정도의 적은 양을 수확하고 있을 뿐입니다. 수산 기술 연구기관에서는 백합의 생산량을 늘리기 위해 백합 양식 틀을 개발하고 백합 양식 기술을 연구하는 등 여러 가지 노력을 기울이고 있습니다.

백합을 살리려면 어떻게 해야 할까요?

간척사업 후 갯벌이 가진 경제적·환경적 가치를 깨닫고 여러 가지 기술 개발에 노력을 기울이게 된 일은 참 다행입니다. 하지만 무엇보다도 갯벌과 함께 잃어버린 것을 돌아보고, 이를 교훈 삼아 갯벌을 보호하는 데 힘쓰는 일이 더욱 중요합니다. 자연의 선물 새만금 갯벌을 제 모습으로 되돌릴 수는 없겠지만, 다양한 노력을 통해

건강한 강화도 갯벌 ⓒ전주민

아직 남아 있는 갯벌을 보전할 수 있도록 해야 합니다. 또한 우리 생물자원인 백합이 우리 갯벌에서 오래 살아남을 수 있도록, 그래서 맛있는 백합 요리를 온 가족이 함께 즐길 수 있도록 모두 노력해야 합니다.

영양 염류

염류란 염분이 들어 있는 여러 가지 물질의 종류를 가리켜요. 영양 염류란 바닷물 속의 규소, 인, 질소 등의 염류를 통틀어 일컫는 이름이에요. 영양염이라 부르기도 하지요. 영양 염류는 바닷말이나 식물플랑크톤의 몸체를 구성해요. 따라서 영양 염류가 풍부하면 이들의 양도 늘어납니다. 식물플랑크톤과 바닷말이 많아지면 이를 먹이로 하는 동물플랑크톤도 자연스럽게 많아지고요. 또한 동물플랑크톤을 먹이로 하는 어류의 양도 늘어납니다. 한마디로 영양 염류는 논밭의 거름과 같은 역할을 합니다.

물과 갯벌에 사는 생물자원 5

고래와 닮은꼴 식물, 거머리말

박찬호

바닷속에서 자라는 식물 하면 보통 미역, 다시마, 김 등의 해조류를 떠올릴 것입니다. 이 식물들은 꽃을 피우거나 열매를 맺지 않습니다. 그런데 바닷속에도 땅의 식물처럼 꽃 피우고 열매 맺는 식물이 살고 있습니다. 바로 거머리말입니다. 놀랍게도 식물인 거머리말은 동물인 고래와도 공통점이 많다고 합니다.

거머리말은 어떤 식물인가요?

거머리말은 거머리말속에 속하며, 비슷한 식물로는 애기거머리말, 수거머리말, 포기거머리말 등이 있습니다. 이들은 조간대의 사질(모래 성분의 토질)과 사니질에서 군집을 이루고 살아가는데, 대부분이 물에 잠겨 살아가는 침수성입니다. 조간대란 만조 때의 해안선과 간조 때의 해안선 사이의 부분을 말합니다. 즉 밀물이 최고 상태에 이르는 만조 때에는 바닷물에 잠기고, 반대로 썰물이 최고 상태에 이르는 간조 때에는 바닥이 드러나는 부분이지요. 조간대의 환경은 이곳에 사는 생물에게 그리 살기 좋은 환경은 아닙니다.

거머리말 　　　　　　　　　포기거머리말 ©Yuji Omori

거머리말류의 식물은 우리나라에 7여 종, 전 세계에 60여 종이 있는 것으로 알려져 있습니다. 거머리말은 땅 위의 벼나 보리처럼 바다 밑 땅에 뿌리를 내려 영양분을 빨아들입니다. 또 꽃을 피우고 열매도 맺지요. 반면 해조류는 바닷속 바위 등의 물체에 달라붙어 몸 전체로 영양분을 흡수합니다. 꽃은 피우지 않고 열매도 맺지 않습니다.

속

생물을 분류할 때 생물의 한 집합을 가리키는 단위예요. 일반적으로 발생 계통이 비슷한 한 무리의 생물들이 같은 속에 속하지요. 예를 들어, 까치는 자신을 포함해 노란부리까치, 검은부리까치와 함께 까치속에 속해요. 속보다 한 단계 높은 생물 분류 단위는 '과'입니다. 앞서 말한 까치속의 새들은 모두 까마귓과에 포함돼요. 까마귓과에 속하는 새로는 까마귀, 물까치, 꾀꼬리, 까치 등이 있어요. 한편 속보다 한 단계 낮은 생물 분류 단위는 '종'이에요. 종은 가장 기본적인 생물 분류 단위로, 개체 사이에서 교배(생물의 암수를 인위적으로 수정시켜 새끼를 얻는 일)가 가능한 한 무리의 생물입니다.

거머리말과 고래가 공통점이 있다고요?

조그만 식물 거머리말과 거대한 포유류 고래와 공통점이 있다는 사실에 고개가 갸우뚱해질 것입니다. 그런데 거머리말의 조상을 살펴보면 고개가 끄덕여질 것입니다. 거머리말의 조상은 머나먼 옛날에는 땅에서 번식했던 식물입니다.

최근 유전자에 의한 거머리말의 계통을 분석한 결과에 따르면, 거머리말은 약 1억 년 전(백악기)에 육지로부터 고대 바다인 테티스해로 뻗어 나간 것으로 추측됩니다. 나아가 인도양에서 태평양 적도 부근 가까이까지 분포했던 것으로 결과가 나왔습니다. 거머리말류는 조직이 부드러워 화석으로 남기 어려운데도 불구하고 백악기로부터 시신세(약 5,000만 년 전) 무렵의 화석에 이따금 발견되기도 합니다.

'5,000만 년 전'이라는 과거의 시간대가 바로 거머리말과 고래의 공통점입니다. 이 시기는 거대 포유류인 고래가 육지로부터 바다로 진출했다고 추정되는 때입니다. 즉 거머리말과 고래는 바닷속 생물이 육상으로 올라가 다양하게 진화한 뒤, 다시 바다로 돌아갔다는 '진화적인 공통점'을 갖고 있는 것입니다. 고래가 땅 위를 걸어 다니는 동물이었다니 참 신기하지요?

'걸어 다니는 고래'라는 뜻을 가진 암블로세투스
ⓒNobu Tamura

아주 먼 옛날 옛적, 이미 육상 생활에 적응한 이 두 생물이 왜 다시 바다로의 항해를 결정했는가에 대해서는 여러 가지 가설이 있습니다. 그중 '생태적 지위' 때문이라는 가설이 많은 지지를 얻고 있습니다. 생태적 지위란 한 생물이 서식지와 생태계 내에서 차지하는 지위를 가리킵니다. 예를 들어, 호랑이는 토끼보다 생태적 지위가 높습니다. 생태적 지위가 낮은 토끼는 호랑이와 함께 살기 어렵지요. 토끼는 호랑이가 없는 새로운 곳을 삶의 터전으로 삼는 게 나을 것입니다. 이와 같이 거머리말과 고래가 과감히 육지를 버린 것은 생태적 지위가 비어 있는 새 공간을 찾기 위함으로 보입니다. 다만 토끼처럼 기존 공간을 피하기보다는 영역을 넓히기 위해 바다를 공략했을 가능성도 있습니다.

거머리말이 좋은 일을 많이 한다고요?

거머리말은 해조류와 마찬가지로 얕은 조간대에서 바닷속 숲을 이루는 식물군입니다. 해양 생물에게 편안한 서식지를 제공하고, 물의 흐름을 도우며, 바다에 가라앉은 오염 물질을 흡수하여 바닷물을 깨끗하게 하는 등 좋은 일을 많이 합니다. 특히 갓 태어난 새끼 물고기들에게는 아주 좋은 일을 하고 있어요. 새끼 물고기들은 거머리말에 안전하게 몸을 숨기거나 달라붙은 채 식물플랑크톤을 잡아먹으며 자라거든요.

이렇게 좋은 '바다의 숲'이 최근 무분별한 해안 개발, 수질 악화, 지구 온난화에 따른 해수 온도 상승 등에 의해 많이 줄어들고 있습니다. 끊임없는 관심과 연구가 필요한 시기입니다.

하늘에 사는 생물자원 1

우리나라의 겨울 손님, 두루미

김성현

해마다 겨울이면 큰고니, 독수리, 가창오리 등 다양한 새들이 우리나라를 찾아옵니다. 반가운 겨울 손님들이지요. 그중 대표적인 손님은 바로 두루미입니다. '두루미'라는 이름은 "뚜루루루~, 뚜루루루~" 우는 독특한 울음소리에서 유래했다고 합니다. 두루미는 학이라고도 하는데요. 옛날 우리 조상들은 학이라는 이름을 더 많이 사용했습니다. 학, 곧 두루미는 '단정학'이라는 이름도 갖고 있습니다. '정수리가 붉은 학'이라는 뜻입니다. 이렇게 여러 가지 이름을 갖고 있는 두루미에 대해 더 자세히 알아볼까요?

우리나라를 찾아오는 두루미는 누구일까요?

겨울이 오면 여러 종의 두루미들이 우리나라를 찾아옵니다. 두루미류를 대표하는 종인 '두루미', 잿빛을 띤 재두루미, 검은색의 흑두루미, 목이 검은 검은목두루미, 시베리아흰두루미, 캐나다두루미, 쇠재두루미 등 7종의 두루미가 우리나라를 방문하지요. 두루미들이 지내는 곳은 주로 강원도 철원 지역과 경기도 연

재두루미

검은목두루미

시베리아흰두루미

캐나다두루미

천, 파주, 강화 등입니다. 이 지역들 중에서도 비무장 지대와 민간인 통제 구역 일대는 두루미가 겨울을 나기에 그만인 곳입니다. 사람의 발길이 닿지 않는 곳이라 마음놓고 겨울을 보낼 수 있지요. 물론 먹이도 풍부하고요. 겨울에 우리나라를 찾는 두루미들은 다른 계절엔 보통 시베리아의 우수리 지방과 중국 북동부, 일본 홋카이도 동부 등지에서 살아갑니다.

두루미는 어떤 특징을 갖고 있을까요?

두루미의 몸길이는 보통 136~140센티미터 사이입니다. 날개를 폈을 때의 길이는 약 240센티미터이고요. 몸무게는 10킬로그램 내외입니다. 재미있는 점은 꽁지

하늘을 날고 있는 '두루미'

가 본래 흰색인데, 앉아 있거나 걸을 때는 검은색으로 보인다는 거예요. 그 까닭은 꽁지를 덮고 있는 둘째날개깃(첫째날개깃 안쪽의 깃털)이 검은색이기 때문입니다. 그런데 태어난 지 얼마 안 된 새끼는 검은색 부분이 연한 갈색을 띱니다. 만 세 살이 되어야 짙은 검은색이 되지요.

   두루미는 땅 위에 짚이나 마른 갈대를 높이 쌓아서 둥지를 짓습니다. 그리고 6월 무렵 2개의 알을 낳지요. 알은 암컷과 수컷이 함께 품는데요. 약 32~33일이 지나면 알을 깨고 새끼가 나옵니다. 두루미들은 주로 가족 단위로 생활하기 때문에 대부분의 두루미들이 단란한 가정을 꾸립니다.

보호가 필요한 두루미

   요즘 우리나라에서 겨울을 나는 두루미는 120~150마리 정도라고 합니다. 옛날에는 수천 마리씩 찾아오기도 했으니, 참 안타까운 일입니다. 더욱 놀라운 사실은 전 세계적으로 두루미가 2,800마리 정도만 남아 있다는 것입니다. 무분별한

흑두루미

무리 지어 하늘을 나는 흑두루미

개발로 인한 서식지 파괴와 환경 오염이 이처럼 끔찍한 결과를 가져오고 말았습니다. 우리나라에서 1968년에 **천연기념물**로 지정된 두루미는 환경부에서 멸종 위기 1급 조류로 지정하기도 했습니다. 그만큼 보호가 필요한 동물입니다.

두루미는 장수의 상징일까요?

쇠재두루미

두루미는 오래오래 살고 죽지 않는다는 열 가지, 곧 십장생에 속하는 새입니다. 십장생은 해, 산, 물, 돌, 구름, 소나무, 불로초, 거북, 두루미, 사슴입니다. 예부터 우리 조상들은 두루미를 장수의 상징으로 여겨 자수를 놓거나 그림을 그렸습니다. 그런데 그중에는 황새를 두루미로 잘못 알고 그린 것이 많다고 합니다.

실제로 두루미는 수명이 긴 동물 중 하나입니다. 지금까지 가장 오래 산 두루미는 검은목두루미로, 86년 동안 살았다고 합니다.

천연기념물

학술적·자연사적·지리학적으로 중요하거나 가치가 높아 특별한 보호가 필요해 법률로 규정한 동식물과 그들의 서식지, 광물 등을 말합니다. 동물 중에서 진돗개, 사향노루, 두루미, 어름치, 장수하늘소 등은 우리나라를 대표하는 천연기념물이에요. 식물로는 줄나무, 등나무, 올벚나무 등이 천연기념물로 지정되어 보호받고 있어요.

하늘에 사는 생물자원 2

호랑나비 속에서 산호랑나비를 찾아라

안능호

노랑 바탕에 검은색 줄무늬를 가진 나비를 본 적이 있나요? 이 나비들은 이름에 '호랑'이라는 두 글자가 붙는 나비들입니다. 바로 호랑나비, 산호랑나비, **애호랑나비**가 그 주인공이지요. 이 중 공원 주변이나 산에서 쉽게 볼 수 있는 '산호랑나비'에 대한 이야기를 나누어 볼까요?

호랑나비와 산호랑나비 구별하기

산호랑나비와 호랑나비는 서로 많이 닮았어요. 하지만 호랑나비보다는 산호랑나비가 조금 더 크고, 뒷날개 끝 부분 돌기에 있는 파랗고 빨간 무늬가 더욱 선명합니다. 또한 산호랑나비는 앞날개의 무늬를 잘 살펴보면 몸통 가운데 쪽에는 줄무늬가 없고 뿌연 검은색 무늬로 덮인 점이 호랑나비와 다릅니다. 혹시 봄과 여름 아침에 양지바른 곳에

산호랑나비의 어른벌레

서 날개를 편 채 일광욕을 즐기는 호랑나비를 만나게 되면, 산호랑나비인지 호랑나비인지 둘의 차이점을 떠올리며 관찰해 보는 건 어떨까요?

산호랑나비 애벌레의 어른 되기

산호랑나비의 애벌레

산호랑나비 어른벌레는 꽃의 꿀을 빨아 먹습니다. 반면 애벌레는 미나리·바디나물·레몬·오렌지·유자 같은 식물의 잎을 먹고 자랍니다. 애벌레는 번데기로 겨울을 난 뒤 이듬해 봄이 되면 어른벌레로 깨어납니다. 산호랑나비 애벌레는 녹색 바탕에 검은 줄무늬가 무척 인상적입니다. 또 호랑나비 애벌레와 마찬가지로 자극을 주면 고약한 냄새를 풍기는 노란색 뿔을 내밀어 자신을 방어합니다.

애호랑나비

애호랑나비는 비교적 우리나라에 널리 퍼져 살고 있어요. 하지만 제주도와 울릉도에서는 아직 관찰되었다는 기록이 없어요. 봄이 시작될 무렵부터 5월 중순에 걸쳐 산지 중심으로 활동하는 애호랑나비는 지리산과 같은 높은 산지에서는 5월 말까지도 눈에 띕니다. 애호랑나비는 진한 노란색 바탕에 검은색 줄무늬를 갖고 있어요. 또한 뒷날개 가장자리에는 빨간색 점이 있지요.

하늘에 사는 생물자원 3

겨울에도 눈에 띄는 실잠자리

염진화

"휙~ 휙!"
"잡았다!"

여름철 들판이나 저수지, 공원에 나가면 어른 아이 할 것 없이 동심으로 돌아가 잠자리채를 휘두르는 모습이 종종 눈에 띕니다. 잠자리는 우리 주변에서 흔히 볼 수 있는 곤충 가운데 하나입니다. 예부터 멋진 문양으로 장식품에 새겨지고, 어린이들이 즐겨 부르는 동요에도 등장하는 등 문화 곤충으로서의 역할도 톡톡히 해 왔습니다.

겨울에도 볼 수 있는 잠자리가 있다고요?

잠자리는 크게 두 부류로 나뉩니다. 가을 들판을 날아다니는 고추잠자리 같은 '잠자리류'와 계곡이나 밭, 습지 주변의 풀숲에서 지내는 '실잠자리류'가 있습니다. 실처럼 몸이 가느다란

노란실잠자리 수컷

실잠자리는 출현 시기가 종류에 따라 다르지만, 어른벌레와 애벌레 모두 봄, 여름, 가을, 심지어 겨울까지 사계절 내내 관찰이 가능합니다. 가는실잠자리, 묵은실잠자리, 작은실잠자리와 같은 실잠자리들이 겨울철에도 어른벌레로 활동하는 종입니다.

우리 눈에 가장 많이 띄는 실잠자리는 누구일까요?

제9배마디가 푸른색인 아시아실잠자리 수컷

잠자리 중에서 가장 먼저 우화(애벌레에서 어른벌레로 탈바꿈하는 단계)를 하는 종은 아시아실잠자리입니다. 아시아실잠자리는 우리나라 곳곳에 널리 퍼져 살고 있습니다. 우리가 가장 흔하게 볼 수 있는 실잠자리 중 하나이지요. 아시아실잠자리를 한눈에 알아볼 수 있는 특징은 **배마디**예요. 제9배마디가 푸른색인 실잠자리가 바로 아시아실잠자리입니다. 그런데 제8배마디가

배마디

곤충의 배에 있는 마디를 배마디라고 해요. 잠자리의 배는 막대 모양으로 긴데, 10개의 배마디로 이루어져 있어요. 잠자리의 가슴 쪽부터 제1마디가 시작되며, 꼬리 쪽이 마지막 제10마디입니다.

푸른색인 실잠자리도 있습니다. 이 실잠자리는 아시아실잠자리에 속하는 푸른아시아실잠자리와 북방아시아실잠자리입니다.

푸른아시아실잠자리와 북방아시아실잠자리

미성숙한 푸른아시아실잠자리 암컷   북방아시아실잠자리 수컷

푸른아시아실잠자리는 **남방계**로, 충청 이남 지역에서부터 제주도까지 분포하고 있습니다. 연못과 하천 등지에서 5월부터 우화하며, 10월까지 관찰됩니다. 수컷은 제8배마디 전체와 제9배마디의 배 쪽 일부가 청색을 띱니다. 암컷은 미성숙 시기에는 가슴이 연한 주황색입니다. 완전히 성숙하면 수컷처럼 청색을 띠는데, 수컷과 다르게 녹색을 띠는 종도 있습니다.

북방아시아실잠자리는 이름 그대로 **북방계**로, 충청 이북 지역에서부터 북한까지 분포하고 있습니다. 연못과 습지를 중심으로 5월 중순부터 9월까지 활동하는데, 주로 해안가의 낮은 지대에서 많이 관찰됩니다. 암컷과 수컷 모두 제8배마디가 청색이며, 제7·9배마디는 배 쪽 일부가 청색을 띱니다. 암컷 중에는 수컷과 닮은 청색을 가진 종이 있고, 수컷과 다르게 갈색을 가진 종이 있습니다.

잠자리는 색깔의 마술사

잠자리 관찰에 처음 뛰어들 때 가장 헷갈리는 것이 색 변화입니다. 대부분의 잠자리가 암컷과 수컷의 몸 색깔이 다른 것은 기본이고, 같은 암컷끼리도 색과 무늬가 다르기도 합니다. 또한 미성숙 시기와 성숙 시기의 색도 달라집니다.

잠자리류는 수컷의 몸 색깔이 달라지고, 실잠자리류는 암컷의 몸 색깔이 달라집니다. 특히 아시아실잠자리 암컷의 경우, 미성숙 시기에는 붉은색이었다가 성숙하면 녹색이 되는 등 몸 색깔이 극과 극으로 뒤바뀝니다. 고추잠자리 수컷도 미성숙 시기일 때는 갈색이었다가 성숙하면 붉은색으로 변하지요.

성숙한 아시아실잠자리 암컷

잠자리의 눈은 몇 개?

잠자리의 눈은 겹눈이에요. 겹눈이란 하나하나의 홑눈이 벌집 모양으로 여러 개 모여 이루어진 눈을 가리켜요. 잠자리의 겹눈은 최대 3만 개의 홑눈으로 이루어져 있기도 해요. 겹눈은 홑눈보다 움직이는 물체를 보는 능력, 모양이나 크기를 보는 능력, 색깔을 구별하는 능력이 훨씬 뛰어나요.

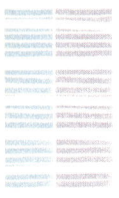

하늘에 사는 생물자원 4

생태계의 균형 유지, 기생벌이 앞장서요

최원영

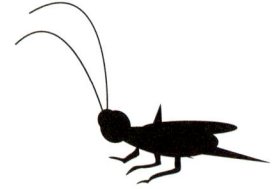

1979년에 상영된 영화 〈에일리언(Alien)〉은 큰 인기를 끌었어요. 이 영화에는 외계생물체의 유생(변태하는 동물의 어린 것. 곤충의 경우 애벌레라고 한다)이 사람의 입을 통해 들어가서 자라다가 배를 뚫고 나오는 장면이 있습니다. 많은 사람들을 충격에 빠뜨린 장면이지요. 그런데 이런 장면이 꼭 공상 과학 소설이나 영화에서만 일어나는 일일까요? 우리 주변에 살고 있는 기생벌의 세계에서는 지금 이 순간에도 이와 비슷한 일들이 활발하게 일어나고 있습니다.

기생벌의 한살이는 어떠한가요?

기생성 곤충이란 다른 생물의 몸속이나 표면에 붙어 살아가는 곤충류를 말합니다. 보통 기생성 곤충은 숙주(기생 생물에게 영양을 공급하는 생물)에게 의지해 기생을 하는 것으로 그치지만, 기생을 하다 숙주를 죽이는 종류도 있습니다. 그 대표적인 곤충이 바로 기생벌입니다. 기생벌은 기생 생활을 하는 벌류를 통틀어 일컫는 말입니다.

일반적으로 기생벌은 숙주의 알이나 애벌레의 몸속에 자신의 알을 낳습니다. 이 알에서 깨어난 기생벌 애벌레는 숙주의 몸속에서 영양분과 산소를 공급받아 성장합니다. 이때까지만 해도 숙주는 대사(생명 활동에 필요한 물질을 만들고 필요 없는 물질은 몸 밖으로 내보내는 작용) 기능이 약간 떨어질 뿐 별다른 지장 없이 기생벌을 몸속에 지닌 채 살아갑니다.

옥수수에 해를 가하는 나방류에 기생하는 고치벌류

문제는 기생벌 애벌레가 번데기가 될 무렵 일어납니다. 기생벌 애벌레는 숙주를 죽이고 숙주의 몸속이나 바깥에서 번데기가 됩니다. 번데기 시기를 지나 어른벌레로 성장한 기생벌은 다시 적당한 숙주를 찾아 알을 낳습니다. 기생벌의 기생 생활이 되풀이되는 것이지요.

척추동물 (50쪽)

쉽게 말해 등뼈가 있는 동물이에요. 그래서 '등뼈동물'이라고도 불러요. 지구 상 전체를 아울러 넓은 서식 장소를 가진 척추동물은 가장 진화된 동물의 종류예요. 전체 동물의 20분의 1 정도가 척추동물인데, 약 4만 5,000종가량 알려져 있지요. 척추동물의 몸은 머리, 몸통, 꼬리 이렇게 세 부분으로 나뉩니다. 몸통 부분에는 대개 몸을 지탱하는 부속지(동물의 몸통에 가지처럼 붙어 있는 기관)가 두 쌍 있어요. 어류의 경우 이 부속지는 지느러미로, 개구리와 같은 양서류의 경우 앞·뒷다리로 나타나지요. 예외적으로 고래는 뒷다리가, 뱀은 앞다리와 뒷다리가 모두 퇴화되어 있어요.

나무줄기에 산란관을 찔러 알을 낳고 있는 맵시벌류

기생벌은 어떤 생물을 숙주로 이용하나요?

혹시 우리 몸속에도 기생벌이 침투하지 않을까 겁이 나나요? 겁낼 것 없습니다. 기생벌은 사람이나 **척추동물**에는 기생할 수가 없으니까요. 살아 있는 숙주의 몸속에서 살아야 하는 기생벌은 숙주가 지닌 고유한 면역 체계에 적응할 수 있어야 하기 때문에 숙주에 속하지 않은 다른 생물에는 기생할 수가 없습니다. 대부분의 기생벌은 무당벌레, 나비, 진딧물, 파리 같은 곤충류를 숙주로 이용합니다.

기생벌의 수는 얼마나 될까요?

나는야 번데기!

나방류에 기생한 밤나방살이고치벌의 번데기와 여기에서 우화한 어른벌레

전 세계에 걸쳐 현재까지 기록되어 있는 벌류는 12만 5,000종에 이릅니다. 이는 알려진 전체 생물 종 수의 약 10퍼센트를 차지합니다. 기록되어 있는 12만 5,000종의 벌류 중 50퍼센트 이상(약 7만 종)이 기생벌류에 속하는데요. 우리나라에 알려진 기생벌류는 1,800여 종입니다. 대표적인 기생벌류에는 고치벌류와 맵시벌류가 있습니다. 국내외 곤충학자들은 지금까지 밝혀진 기생벌

성충이 우화하고 난 뒤의 밤나방살이고치벌류의 고치

50

이 전체 기생벌 종수의 약 5~20퍼센트밖에 되지 않는 것으로 보고 있습니다. 아직까지 밝혀내야 할 기생벌이 무척 많이 남아 있는 것입니다.

기생벌은 생태계에서 어떤 역할을 할까요?

벌류는 식물의 **수분**(꽃가루받이)에 큰 역할을 하는 곤충으로 알려져 있습니다. 그러나 식물을 먹고 살거나(잎벌류), 다른 생물에 기생하는(기생벌류) 무리도 적지 않습니다. 이 중 기생벌류는 꿀벌이나 호박벌처럼 수분에 관여하는 벌류와 달리 색다른 일을 통해 생태계에서 중요한 역할을 하고 있습니다. 바로 식식성 생물(식물을 먹이로 삼는 생물)의 수가 늘어나는 것을 억제하여 생태계의 균형을 맞추는 일입니다. 기생벌은 숙주의 생명을 앗음으로써 숙주 역할을 하는 생물이 자연적으로 늘어날 수 있는 수를 조절합니다. 최근 농약의 지나친 사용으로 인해 일어나는 생태계 파괴를 막기 위해 사람들은 기생벌의 생태적 특징을 활용하고 있습니다. 농작물이나 과수 해충의 **방제** 또는 축사의 **분뇨**에 발생하는 파리류의 개체 수를 조절하는 데 기생벌이 톡톡히 활약하고 있지요.

수분(꽃가루받이)

생식 기관인 꽃이 있고, 열매를 맺으며, 씨로 번식하는 식물을 종자식물이라고 해요. 이 종자식물이 번식하려면 수분이라는 과정이 필요합니다. 수분이란 종자식물의 수술에 들어 있는 화분, 즉 꽃가루가 암술머리에 옮겨 붙는 일이에요. 바람, 곤충, 새에 의해 이루어지지요. 필요에 따라 사람이 직접 수분을 시행하기도 합니다.

하늘에 사는 생물자원 5

숨 막히는 도시를 숨 쉬게 하는 새들의 이야기

허위행

　많은 사람들이 살고 있는 도시는 주로 주택과 아파트, 상가 등의 건물로 이루어져 있습니다. 새가 살아가기에는 그리 좋지 않은 환경이지요. 그렇지만 요즘에는 주변 자투리땅에 나무를 심는 아파트나 상가가 늘어나고 있고, 조그맣더라도 나만의 정원을 가꾸는 주택도 많아지고 있습니다. 나아가 가로수와 공원 관리 등 도시 조경에 대한 관심도 높아져 예전에 비해 도시 환경이 상당히 좋아지고 있습니다. 덕분에 도시를 찾고, 도시에 터를 잡는 새들이 많아지고 그 종류도 다양해지고 있습니다.

도시에서는 어떤 새를 키울 수 있을까요?

　야생에서 도시를 찾는 새들에는 박새, 쇠박새, 곤줄박이 등이 있습니다. 이 녀석들은 주로 나무 구멍에 둥지를 틀고 번식하는 새들인데요. 사람이 달아 준 인공 새집(또는 둥지 상자)에서도 번식을 잘합니다. 이런 인공 새집은 나무 합판을 이용해 직접 만들 수 있습니다. 최근에는 인공 새집을 판매하는 곳도 늘고 있어

인터넷 등을 통해 쉽게 구입할 수 있습니다.

우리 집 마당이나 아파트 베란다에 이런 야생의 새를 키우고 싶다면 인공 새집을 달아 보세요. 그러면 따뜻한 어느 봄날, 갑자기 푸드득 새들이 날아올 겁니다. 인공 새집을 찾아온 새는 새집 안에 부지런히 둥지 재료를 물어와 둥지를 꾸밀 거예요. 시간이 좀 더 흐르면 날마다 하나씩 알을 낳고, 마지막 알을 낳은 후에 암컷과 수컷이 교대로 알을 품고, 알에서 깨어난 새끼에게 부지런히 먹이를 먹이며 키우는 과정을 아주 가까이서 지켜볼 수 있을 것입니다.

사람의 손에 앉아 먹이를 먹는 곤줄박이

인공 새집은 언제, 어떻게 달아 주는 게 좋을까요?

사람도 그렇듯 새도 '살기 좋은' 집을 좋아합니다. 새집을 잘 이용하는 박새 종류는 대체로 4~5월에 둥지를 만들고 번식을 시작합니다. 그래서 이 시기보다 이른 때에 새집을 달아 줘야 하는데, 시기를 당기면 당길수록 박새가 새집을 이용할 가능성이 더 높아집니다. 왜냐하면 새들은 갑자기 새로 생긴 새집보다 미리부터 보아 왔던 새집을 더 익숙하게 느끼기 때문입니다. 겨울에 새집을 달아 주면 새들이 살아가는 데 큰 도움을 줄 수 있습니다. 아주 추운 겨울밤에 새들이 그 새집에서 추위를 피할 수 있기 때문입니다.

새집을 달 때에는 개방된 공간이 있는

인공 새집에 둥지를 튼 박새

방향으로 입구를 향하게 합니다. 새집은 수평으로 하거나 앞으로 살짝 기울게 설치하는 것이 좋습니다. 새집이 뒤로 기울어지면 비가 올 때 입구로 비가 들이치게 되어 좋지 않습니다. 또한 주택가 정원의 나무라면 쥐나 고양이의 공격을 받을 수 있기 때문에 약간 높은 곳에 달아 주는 것이 좋은데요. 아파트의 경우 너무 높은 층은 새가 이용하지 않을 수도 있습니다.

새집은 어떻게 관리해야 할까요?

새집을 선택한 새는 둥지 재료부터 물어 나르기 시작합니다. 이때부터는 자주 새집을 열어 보지 말고 멀리서 지켜보는 것이 좋습니다. 번식 과정에 들어간 새가 심한 방해를 받게 되면 선택한 새집을 포기하는 경우도 있기 때문입니다. 번식이 성공해서 어린 새가 알을 깨고 나오면 한동안은 새집에서 어미에게 먹이를 받아먹습니다. 이때도 새집에 가까이 가지 않는 것이 좋습니다. 어미 새가 연달아 한 번 더 번식을 하는 경우도 있기 때문입니다. 나무로 만든 새집은 부화가 끝난 후 다시 떼어내 건조한 그늘에 보관하면 오래 사용할 수 있습니다. 그리고 이듬

알에서 막 깨어난 새끼 박새

새끼에게 줄 먹이를 물고 있는 어미 박새

해 새집을 설치하기 전에 새집 안에 쌓여 있는 둥지 재료를 비워 줘야 새들이 다시 들어와 번식을 하게 됩니다.

이렇게 마당이나 베란다에 새집을 달아 새의 번식 과정을 가까이서 지켜본다면 새에게 더욱 관심을 가지게 되고 친근감을 느끼게 될 수 있습니다. 뿐만 아니라 도시에서 살아가는 새의 생존에도 큰 도움이 됩니다.

인공 새집에 둥지를 트는 새들

작은 인공 새집에는 박새 외에도 이따금 참새가 들어오기도 합니다. 소쩍새나 딱따구리 종류도 인공 새집을 이용하지요. 오리 종류 중에서는 나무 구멍에 둥지를 트는 원앙이 인공 새집에서 번식하기도 하는데, 원앙의 인공 새집은 박새의 인공 새집보다는 더 크게 지어야 합니다. 새는 아니지만 하늘다람쥐도 인공 새집을 이용하는 것으로 알려져 있습니다.

오목눈이

박새는 숲에서 쉽게 만날 수 있는 텃새예요. 박새는 번식기가 지나면 무리 지어 생활하는데, 이때 박새 무리와 어우러져 사는 새가 있어요. 바로 오목눈이예요. 역시 우리나라의 흔한 텃새인 오목눈이는 박새와 몸길이도 14센티미터로 비슷해요. 다만 꽁지 길이는 오목눈이가 약 8센티미터로 박새보다 2센티미터 정도 길지요. 오목눈이의 꽁지는 검은색, 바깥꽁지깃은 흰색이에요. 오목눈이는 4~6월에 7~11개의 알을 낳아요. 알을 품는 기간은 13~15일이에요. 새끼가 알을 까고 나온 지 14~17일이 지나면 둥지를 떠납니다.

작지만 소중한 생물자원 1

얼굴을 예쁘게 가꾸는 화장품, 미생물이 원료래요

박혜윤

미생물은 우리 생활에 많은 영향을 끼쳐요. 김치, 치즈, 요구르트 같은 맛있는 음식을 만들기도 하지만 무서운 질병을 퍼뜨려 생명을 앗아가기도 해요. 간질간질 간지러운 피부병이나 무시무시한 조류 독감도 모두 미생물 때문에 생겨난 거예요. 사람들은 오랜 시간에 걸쳐 연구한 끝에 미생물을 활용할 다양한 방법을 찾아내기도 했어요. 그중 한 가지는 바로 화장품이에요. 곱고 예쁜 얼굴을 가꾸는 데 필요한 화장품에 미생물이 들어간다니, 참 신기하지요?

화장품은 언제부터 사용했을까요?

화장품은 인류의 탄생과 더불어 시작됐다고 보는 시각이 일반적입니다. 그런데 처음에 생겨난 화장품은 지금처럼 미용의 목적보다는 거친 자연환경으로부터 몸을 보호하기 위한 목적이 더 컸습니다.

화장품은 생활 속에서 우연히 탄생했을 거라고 추측합니다. 그 대표적인 예가 비누입니다. 비누의 기원은 고대 로마 시대로 거슬러 올라갑니다. 로마 사람들은 사포(sapo) 산에서 나무로 만든 제단에 양을 구워 제사를 지내곤 했습니다. 그런데 어느 날, 양의 기름과 나무의 재가 엉겨서 덩어리가 생겨났고, 이것이 강물에 떠내려가는 일이 일어났습니다. 이 덩어리는 빨래하는 아낙들의 눈에 띄었습니다. 아낙들이 이 덩어리를 빨래에 문질렀더니 놀랍게도 때가 싹 지워졌습니다. 이후 아낙들은 틈틈이 이 덩어리를 사용했고, 훗날 이 덩어리는 비누로 발전했습니다.

화장품에 쓰이는 미생물

피부를 희게 만드는 미백은 화장품의 주요 기능입니다. '코직산'은 화장품의 대표적인 미백 성분으로 알려져 있습니다. 그런데 이 코직산은 미생물을 활용한 것입니다. 일본에서 술 빚는 장인의 손이 젊은이의 손보다 곱고 하얗다는 사실에 착안해 개발된 성분이지요. 1900년에 찐쌀을 누룩곰팡이로 발효시키는 과정에서 최초로 발견되었습니다. 간장 양조용 국균과 술의 발효 과정에서 코직산이 생겨난다는 것을 알아낸 것입니다.

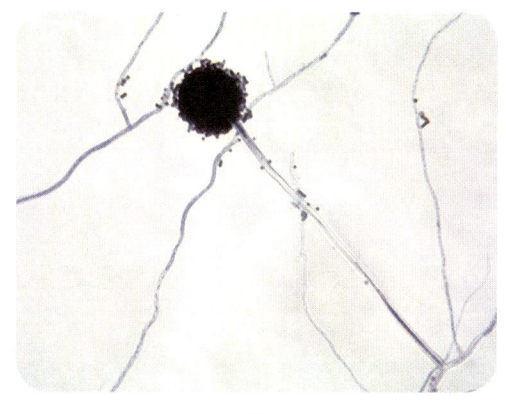

국균

미생물의 활용은 최근 더욱 활발해지고 있습니다. 한 예로 젖산균, 비피더스균, 효모균 등의 미생물을 꼽을 수 있습니다. 이들의 발효액과 발효 산물은 피부 보습과 노화 방지에 효과가 있음이 입증됐습니다.

화장품에는 어떤 성분이 들어 있을까요?

화장품은 수분을 공급하는 물과 보습제, 유분을 공급하는 기름 등으로 구성되어 있습니다. 화장품의 기본적인 역할이 피부에 수분과 유분을 공급하는 일이기 때문입니다. 그런데 물과 기름은 하나로 섞이지 않아요. 따라서 이 두 가지 성분이 어우러지도록 도와주는 **계면활성제** 역시 화장품의 기본 성분

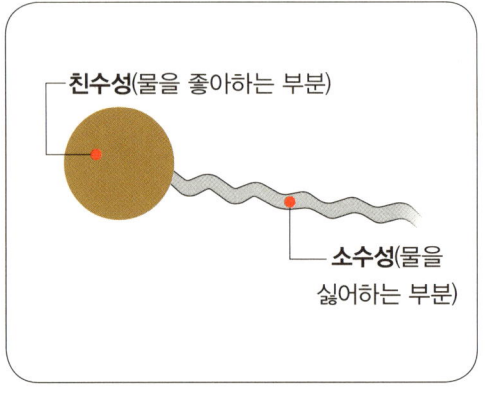

계면활성제 분자의 구조

입니다. 이 밖에 미백, 주름 완화, 자외선 차단 등과 같은 특별한 기능을 갖는 성분들도 화장품에 들어갑니다. 화장품의 향기를 내는 데 쓰이는 향료, 피부를 편안하게 해 주는 안정화제 등도 중요한 성분이지요.

천연 화장품의 진실

갈수록 '천연', '내추럴', '유기농' 등에 대한 관심이 높아지고 있습니다. 그래서인지 화장품도 '천연' 혹은 '유기농'이라고 이름 붙인 제품이 늘어났습니다. 많은 사람들이 천연 화장품은 자연 물질 그대로를 원료로 사용했을 거라고 생각합니다. 그런데 이는 사실과 많이 다르답니다. 천연 화장품이란, 원료가 천연에서 유래한 화장품을 의미하는 것이지 100퍼센트 천연 상태 그대로의 원료를 사용한 화장품이 아닙니다. 천연 화장품의 원료로는 주로 식물이 쓰입니다. 한 예로, 로즈메리는 부은 피부를 가라앉히는 효과가 있습니다.

천연 물질을 그대로 사용하는 게 꼭 좋은 것만은 아닙니다. 피부에 자극을 줄 수 있을 뿐만 아니라 제품의 안정도와 보존성 등에 영향을 줄 수 있기 때문에 별도의 가공 과정이 꼭 필요합니다.

사실 스킨이나 로션 같은 기초 화장품의 경우 천연 화장품이나 일반 화장품이나 기본 성분은 별 차이가 없습니다. 유기농 화장품의 경우엔 국내외 기관에서 별도의 인증 과정을 거칩니다. 따라서 일반 화장품에 비해 천연 성분의 함량이 높은 것이 특징입니다. 물론 유기농 화장품도 100퍼센트 천연 상태 그대로의 원료를 사용한 것은 아닙니다.

천연 화장품의 원료로 쓰이는 로즈메리 ⓒTHOR

계면활성제

서로 맞닿아 있는 두 물질의 경계면을 계면이라고 해요. 이 계면에는 서로 당기거나 당겨지는 힘인 장력이 발생합니다. 장력이 팽팽하면 두 물질은 하나로 섞이기가 어려워요. 계면활성제는 이 장력을 감소시켜 두 물질이 하나가 되도록 돕는 물질이에요. 계면활성제의 분자에 물을 좋아하는 부분(친수성)과 물을 싫어하는 부분(소수성)이 함께 들어 있어서 이런 기능이 가능하지요. 화장품을 비롯해 비누, 치약, 세제 등 물과 기름을 혼합해 사용해야 하는 제품에는 대부분 계면활성제가 들어갑니다.

작지만 소중한 생물자원 2

산소의 50퍼센트, 미생물이 만들어요

강명석

다음에 소개하는 생물은 무엇일까요? 하나의 세포로 이루어져 있어 지구에서 가장 단순한 생명체 중 하나로 꼽힙니다. 그런데 지구 생명체 무게의 60퍼센트나 차지합니다. 육안으로는 확인할 수 없고 현미경으로 관찰할 수 있을 정도로 작지만, 지구 곳곳에 없는 곳이 없습니다. 정답은 바로 '미생물'입니다.

미생물은 어떤 생물일까요?

미생물의 대부분은 우리 눈으로 볼 수 없고, **현미경**을 통해서나 관찰할 수 있습니다. 미생물이 세포 하나로 이루어진 매우 작은 생물이기 때문입니다. 그런데 이렇게 작은 미생물이 지구 생명체 무게의 60퍼센트나 차지하고 있습니다. 그만큼 수가 많다는 것이지요. 더 놀라운 점은 미생물이 지구에서 필요한 산소의 50퍼센트 이상을 생산한다는 것입니다. 또한 탄소, 질소, 황 등 영양분을 순환시키고, 톨루엔, 벤젠 등의 오염 물질을 분해하는 데도 중요한 역할을 하지요. 미생물은 눈에 보이지는 않지만, 우리에게 없어서는 안 될 공기처럼 소중한 생명체입니다.

미생물의 적응력은 세계 최고

지금까지 미생물은 주변 환경에 맞게 진화를 거듭하고 끊임없이 적응해 왔습니다. 특유의 적응력 덕분에 미생물은 흙, 민물, 바닷물뿐만 아니라 뜨거운 온천, 산소가 없는 환경 등 상상하기조차 어려운 척박한 환경에서도 살아갈 수 있어요. 또한 미생물은 지구 상에 존재하는 생명체들과 밀접한 관계를 유지하면서 살고 있습니다. 동물의 장 속에서 음식을 분해하고 영양분의 섭취를 돕는 것은 미생물의 몫입니다. 식물 뿌리 주변에서 식물의 영양분 흡수를 도와 병으로부터 식물을 지켜 주는 일도 하지요.

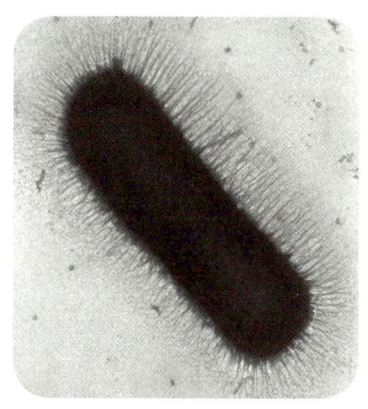

인삼 밭에서 발견된 새로운 미생물, 핌브리모나스 진셍지솔리. 인삼과 관련된 효소를 가지고 있다

현미경

눈으로 볼 수 없을 만큼 작은 물체나 미생물을 확대해서 보는 기구예요. 초점 거리가 짧은 두 개의 볼록렌즈로 물체를 확대시키지요. 오늘날의 현미경의 형태와 가까운 최초의 현미경은 1660년경 네덜란드의 청소부이자 발명가인 안톤 판 레벤후크가 만들었어요. 그의 현미경은 최초로 대물렌즈와 오목렌즈를 사용했으며, 물체를 300배 정도 확대해서 볼 수 있었지요. 레벤후크는 영국의 과학자 로버트 훅과 함께 현대적인 현미경의 모태인 후크 망원경을 발명하여 식물 세포, 치아 속의 박테리아 등을 관찰했습니다. 이를 계기로 그동안 알지 못했던 미생물의 세계가 열리게 되었어요.

미생물은 사람과 어떤 관계가 있나요?

"병 주고 약 준다."라는 속담이 있습니다. 사람과 밀접한 관련이 있는 미생물에게 꼭 어울리는 속담입니다. 미생물은 페니실린과 같은 항생 물질을 생산해 수많은 사람의 목숨을 구해 줍니다. 뿐만 아니라 발효를 일으켜 김치, 청국장, 치즈, 요구르트, 포도주 같은 좋은 먹을거리도 만들어 주지요. 미생물의 이로운 점입니다.

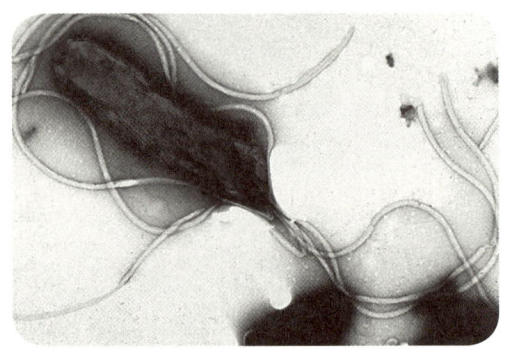

헬리코박터 파일로리균. 산성도가 매우 높은 인간의 위 속에 살면서 위염 등을 일으키는 미생물

그러나 해로운 점도 있습니다. 먼저 헬리코박터 파일로리균이라는 미생물은 위암의 주요 원인이기도 합니다. 충치를 일으키는 충치균, 식중독균, 대장균, 여드름균 등도 사람을 괴롭히는 미생물입니다. 이러한 미생물들은 사람 몸속에 살고 있는데요. 우리는 인간의 세포 수보다 10배나 많은 1,000조 개 정도의 미생물과 함께 살고 있는 셈입니다.

무한한 가능성을 가진 미생물 연구 분야

소중한 자원으로 활용할 수 있는 미생물. 과학자들은 이 미생물을 찾기 위해 끊임없이 노력하고 있습니다. **원핵생물**의 경우, 전 세계에서 발견된 종수는 약 1만여 종에 이릅니다. 이들 중 우리나라 연구자들에 의해 발견된 종은 약 1,000여 종입니다. 하지만 미생물학자들은 그동안 밝혀진 미생물은 지구에 존재하는 미생

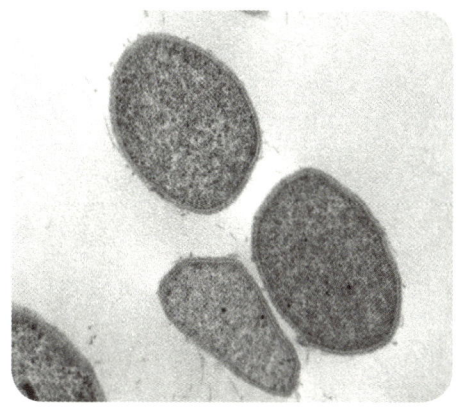
수소 생산에 쓰이는 미생물,
써모코커스 온누리누스

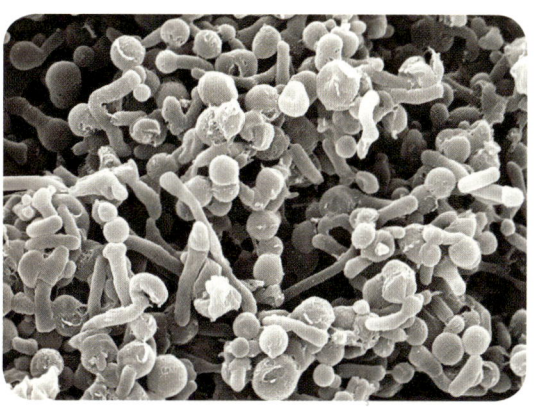
동해아나 독도넨시스. 독도 부근 바다에서
발견된 미생물로 새로운 종류의 로돕신이 발견되었다

물의 1퍼센트 정도라고 추정하고 있지요. 작지만 소중한 미생물의 존재를 밝히는 일은 인류의 미래를 위해 꾸준히 노력해야 할 과제입니다.

원핵생물

핵이 있는 세포를 가진 생물을 진핵생물이라고 합니다. 핵은 세포핵이라고도 하는데, 일종의 세포 기관으로서 진핵생물의 유전자가 변형되지 않게 유지하고, 세포의 활성을 조절하는 일을 해요. 보통 공 또는 타원 모양이지요. 핵이 없는 원핵세포로 이루어진 생물은 원핵생물이라 합니다. 세균은 대표적인 원핵생물이에요.

작지만 소중한 생물자원 3

식물에도 미생물이 살아요

김순옥

　우리 몸에 사는 장내 미생물이 사람의 체질을 바꿀 수 있다는 연구 결과가 2012년 〈네이처〉라는 세계적인 학술지에 발표된 적이 있습니다. 이후 장내 미생물이 비만, **면역력**, 병원균의 증식 등 인간의 건강에 미치는 영향에 대한 연구들이 더욱 활발해졌습니다. 장내 미생물에 대한 갖가지 연구 결과들은 인간의 몸에 대한 시각을 바꾸고 있습니다. 예전에는 인간의 몸이 하나의 독립된 생리적 단위라고 생각했는데, 이제는 수많은 미생물이 공존하며 사는 복잡한 생태계라는 개념으로 바뀌고 있는 것입니다. 그런데 식물에게도 이런 현상이 일어나고 있습니다. 미생물과 식물 사이에 어떤 일이 있었던 걸까요?

식물과 함께 일생을 보내는 미생물

　세균이나 곰팡이 같은 미생물은 식물에게 여러 가지 영향을 미칩니다. 어떤 미생물은 식물의 병원균으로서 작물의 생산성을 떨어뜨리고, 생태계를 파괴하기도 합니다. 어떤 미생물은 공생균(생물에 기생하며 좋은 영향을 미치는 균)으로서 작물의 생산성을 높여 생태계를 풍부하게 하는 역할을 하지요. 유해한 병원균을 억제하여 식물의 건강을 높이는 일을 하는 미생물도 있습니다. 이처럼 여러 가지 미생물 중에서 어떤 미생물은 건강한 식물의 조직 내에서 식물의 외형적인 변형을 일으키지 않고 기생하기도 하는데, 이들을 식물내생균이라고 부릅니다. 세균, **방선균**, 곰팡이 등 다양한 미생물이 식물내생균으로 일생을 보내는 것으로 알려져 있습니다.

식물 조직으로부터 내생균의 균사가 자라 나오는 모습

식물내생균은 어떤 일을 하나요?

식물내생균은 대체로 식물에게 이로움을 줍니다. 숙주인 식물이 생장하는 데 도움을 주거나, **병충해** 또는 **냉해**, 건조와 같은 환경 변화에 대한 저항성을 키워

분해자(66쪽)

생태계는 생산자, 소비자, 분해자로 구성되어 있어요. 생산자는 스스로 양분을 만들어 내는 식물이에요. 이 식물을 먹는 동물은 소비자입니다. 동물은 식물처럼 스스로 양분을 만들지 못해요. 분해자는 죽은 동식물의 몸을 먹거나 분해해서 없애는 일을 하는 생물이에요. 세균, 곰팡이와 같은 미생물이 바로 분해자이지요. 분해자에 의해 분해된 동식물은 식물의 거름이 됩니다.

주지요. 또한 식물의 대사에도 참여합니다. 식물이 죽은 뒤에는 **분해자**로 작용합니다. 미생물이 분해자 역할을 잘 감당해 내야만 생태계의 물질 순환은 문제없이 매끄럽게 이루어집니다.

그런데 이렇게 좋은 식물내생균이 식물에게 해를 끼치는 경우도 있습니다. 병원균이 식물내생균으로 숨어 있을 경우 식물을 병에 감염시켜 건강을 해칩니다.

미생물로 만든 명품 바이올린?

미생물의 분해자로서의 역할을 응용한 재미있는 사례가 있습니다. 스위스의 학자 슈바르츠 박사는 특별한 재료를 사용해 바이올린을 만들었습니다. 바이올린 제작에 쓰이는 목재에 곰팡이 처리를 한 것인데요. 이렇게 곰팡이 처리를 한 목재를 마이코우드라고 합니다. 슈바르츠 박사는 식물내생균인 긴발콩꼬투리버섯과 백색부후균을 바이올린의 주 재료인 독일가문비나무와 수도플라타누스 단풍나무에 입혔습니다. 그 결과 소리 전달 속도가 떨어지지 않으면서도 좋은 소리가 난다는 것을 확인했습니다.

마이코우드로 만든 바이올린은 명품 바이올린의 대명사인 스트라디바리우스와 비슷한 소리를 냈습니다. 슈바르츠 박사는 커튼을 치고 유명 연주자로 하여금 마이코우드로 만든 바이올린을 연주하게 했습니다. 커튼 밖에서 연주 소리를 들은 음악 전문가들은 하나같이 이 소리가 스트라디바리우스의 소리라고 생각했습니다. 연주가 끝나고 커튼이 열리자 모두 깜짝 놀랐지요.

암을 고치는 식물내생균

식물내생균은 항암 물질을 생산하는 것으로 알려져 있습니다. 가장 대표적인 예로는 주목나무에서 분리된 내생균에서 차세대 항암제로 주목받고 있는 택솔이 만들어진다는 것입니다.

택솔을 얻기 위해 주목나무 껍질을 벗겨 내는 모습

현재 식물내생균에서 다양한 효능을 가진 **생리활성물질**을 찾기 위한 노력이 계속되고 있습니다. 우리나라에서도 식물내생균에 대한 연구는 생리활성물질을 찾기 위한 연구로 시작되었습니다. 그 결과 다양한 효능을 가진 여러 균주(순수하게 분리해 배양한 세균이나 균류)를 발견했지만, 식물내생균의 다양성에 관한 연구나, 균주와 식물간 혹은 균주들 간의 상호작용에 관한 연구는 거의 이루어지지 않고 있는 실정입니다. 이들에 대한 체계적인 연구는 식물의 건전한 생장과 인간의 건강, 나아가 생태계의 건강까지 지킬 수 있는 바탕이 될 것입니다.

생리활성물질

생물의 생체(생물의 살아 있는 몸) 기능을 증진 또는 억제시키는 물질입니다. 생물의 몸속에서 기능 조절에 관여하는 물질이 지나치게 많아지거나 부족해져서 비정상적인 상태를 보일 때 생리활성물질이 이를 바로잡아 주지요. 즉, 몸속 독을 제거하는 해독 작용, 면역 기능 개선 작용, 호르몬 조절 작용, 항균 작용 등을 해요. 생리활성물질은 과일, 채소, 콩류, 견과류 같은 식품에 많이 들어 있어요.

작지만 소중한 생물자원 4

바이오에너지를 꿈꾸는 미세조류

김진희

내가 미세조류야!

　조류는 현미경으로나 볼 수 있을 만큼 작은 미세조류에서부터 수십 미터에 이르는 대형조류에 이르기까지 종류가 매우 다양합니다. 대형조류의 일종인 해조류는 우리 생활에서 쉽게 접할 수 있으며, 미역이나 다시마 같은 해조류는 우리가 즐겨 먹기도 합니다. 하지만 미세조류는 세계적으로 많은 종이 존재하지만, 해조류에 비해 실생활에 많이 이용되고 있지는 않습니다. 그런데 최근 유용한 생물자원으로서의 가능성이 높아지면서 건강 보조 식품이나 화장품 등의 원료로 이용되고 있으며, **바이오에너지**(생물자원을 소재로 하여 얻을 수 있는 에너지) 원료로 개발하기 위한 연구도 이루어지고 있습니다.

영양만점 미세조류

　미세조류 중 스피룰리나, 클로렐라, 듀날리엘라 등은 단백질과 베타카로틴, 비타민 등이 풍부합니다. 이 영양분들은 소화 기능과 면역 기능 강화, 심혈관(심장의 혈관) 기

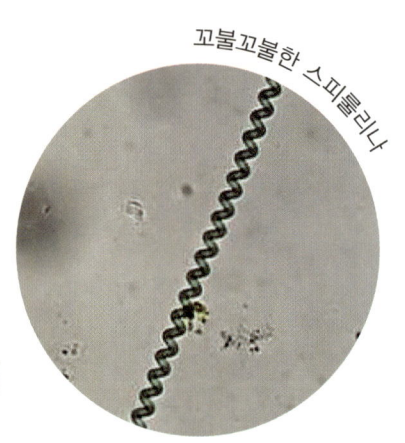

꼬불꼬불한 스피룰리나

능 개선에 영향을 미칩니다. 또한 피부를 촉촉하게 하고 미백에도 도움을 줍니다. 이처럼 장점이 많은 미세조류는 건강 보조 식품이나 화장품 원료로 쓰입니다.

미세조류에서 바이오에너지 찾기

전 세계적으로 화석 연료가 바닥을 드러내면서 바이오에너지가 획기적인 신에너지로 떠오르고 있습니다. 과연 미세조류를 바이오에너지로 활용할 수 있느냐 하는 것도 뜨거운 관심사입니다. 바이오에너지 연구는 콩과 옥수수 같은 식물에서부터 해조류, 미세조류까지 다양한 생물자원을 이용해 이루어지고 있습니다.

대량 배양 중인 미세조류

특히 미세조류는 작은 크기 덕분에 성장 속도가 빨라 짧은 시간 내에 대량으로 배양할 수 있기 때문에 바이오에너지로서의 활용 가능성이 매우 크지요. 그래서 세계 많은 나라에서 미세조류를 이용한 바이오에너지 개발에 열을 올리고 있으며, 실용화를 위해 많은 연구를 하고 있습니다. 이 외에도 미세조류의 활용 분야는 더욱 확대될 전망입니다. 현재 미세조류를 이용한 **바이오플라스틱** 제품 개발, 이산화탄소 저감·정화 사업 등의 연구가 이루어지고 있습니다.

작지만 소중한 생물자원 5

자연을 지키는 번개맨, 버섯

김창무

해마다 숲 속에는 나뭇잎, 나뭇가지, **고목** 등 수많은 식물의 잔해들이 끊임없이 생겨납니다. 그런데 누군가가 이것을 치우지 않는다면 인간과 동물 모두에게 큰 어려움을 끼칠 것입니다. 자칫 지구의 생태계가 파괴될 수도 있습니다. 이런 끔찍한 일을 막으려면 어린이들이 '절대적인 힘'의 상징으로 여기는 '번개맨'과 같은 존재가 필요합니다. 그 주인공은 바로 버섯입니다.

버섯은 자연의 청소부이자 생산자

버섯을 포함한 균류는 식물의 잔해를 분해하여 생태계가 제대로 돌아가도록 지구 곳곳에서 번개맨처럼 활약하고 있습니다. 또 우리에게는 맛 좋고 영양가 높은 식품으로도 활약하고 있지요. 단, 먹을 수 있는 버섯 종류는 한정되어 있습니다. 독이 있는 독버섯도 있으니 아무 버섯이나 함부로 먹어서는 안 됩니다. 최근에는 버섯이 인간의 질병을 고치는 치료제로도 이용되고 있습니다. 이처럼 장점이 많은 버섯, 자연의 청소부이자 생산자라고 말할 수 있겠지요?

노란젖버섯

붉은주머니광대버섯

버섯은 어떻게 자라나요?

버섯은 여름철인 7~9월 사이에 가장 많이 발생합니다. 일부 버섯 중에는 사계절 내내 볼 수 있는 것도 있습니다. 식물의 씨앗이 싹을 틔우듯이 버섯도 포자(홀씨)가 땅속이나 죽은 나무껍질 속에서 싹을 틔우고 가느다란 실과 같은 균사로 자랍니다.

그렇게 우리 눈에 보이지 않는 곳에서 무럭무럭 자라던 균사는 온도와 습도 등이 적당하다고 느껴지면 땅 위로 솟아나와 자실체(균사가 모여 덩이를 이룬 것)를 만듭니다. 곧 우리가 보는 버섯은 사실 버섯 전체가 아니라 버섯의 자실체입니다. 땅속이나 죽은 나무껍질 속에는 여전히 균사가 존재하고 있지요.

버섯을 채집하는 아이

균류와 균사는 무엇인가요?

버섯은 균류에 속합니다. 그렇다면 균류란 무엇일까요? 옛날에는 식물로 여겨졌던 균류는 유전자가 동물과 더 가까운 생물입니다. 곰팡이와 효모도 균류에 속합니다. 균류는 엽록소가 없어서 광합성을 하지 못해 혼자 살아가지 못해요. 때문에 공생이나 기생, 또는 부생(생물의 사체나 배설물 따위에서 양분을 얻어 사는 일)의 형태로 살아가지요. 균사는 균류의 몸을 이루는 가느다란 실 모양의 세포입니다. 곰팡이류에서는 균사가 여러 갈래의 실처럼 엉켜 있고, 버섯류에서는 균사들이 모여 균사체를 형성해요. 이 균사체가 외부 조건이 적당할 때 자실체를 만듭니다.

종류가 많은 버섯은 어떻게 구별하나요?

버섯은 종에 따라 좋아하는 온도와 습도도 다르고, 터를 잡는 나무도 제각각입니다. 또한 환경에 따라 여러 가지 색깔과 모양을 띱니다. 이런 특성 때문에 육안으로 버섯을 동정(생물의 분류학상 소속과 명칭을 바르게 정하는 일)하는 건 무척 어렵습니다. 비가 내리고 나면 산속에는 다양한 버섯이 발생합니다. 같은 종이라도 모양과 색깔이 달라서 버섯을 연구하는 사람들조차 제대로 가려내기 어렵습니다. 현미경을 이용해 미세 구조를 관찰해야만 정확한 동정이 가능합니다. 최근에는 동정을 위해 DNA 염기 서열을 분석하기도 합니다.

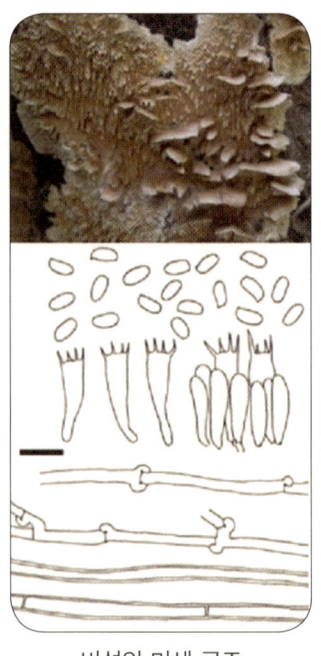

버섯의 미세 구조

전문가가 아닌 사람은 버섯을 어떻게 구별하나요?

전문가가 아닌 일반 사람들이 버섯을 동정할 수 있는 최선의 방법은 눈에 보이는 형태와 특징에 대해 자세히 관찰하고 주변 환경을 살피는 것입니다. 버섯을 찾으면 갓의 크기와 형태, 자루의 형태 등 관찰 내용을 꼼꼼하게 기록하세요. 사진기로 가능한 여러 각도에서 다양한 사진을 찍어 두면 더욱 좋습니다. 또 버섯 도감을 지니고 다니며 최대한 비슷한 특징을 보이는 버섯을 찾는 것도 좋은 방법입니다. 무엇보다도 절대 잊지 말아야 할 점은 자신의 판단만 믿고 채집한 버섯을 함부로 먹어서는 안 된다는 것입니다. 독버섯일지도 모르니까요.

버섯의 형태 기록하기

버섯 사진 촬영하기

DNA

생물의 유전 현상에 중요한 역할을 하는 핵산이라는 물질의 일종으로, 유전 정보를 담고 있어요. 유전이란 어버이의 성격, 체질, 형상 따위의 형질이 자손에게 전해지는 것, 또는 그런 현상을 가리켜요. 예를 들어, 아기가 엄마 아빠를 조금씩 닮는 것은 엄마 아빠의 DNA가 절반씩 아기에게 전달, 곧 유전되기 때문입니다. 또한 사람마다 얼굴 생김새가 다른 것은 DNA 속 생물체의 모양을 결정하는 유전자의 정보가 저마다 다르기 때문이에요. 염기 서열이란 유전자를 구성하는 성분인 염기들을 순서대로 나열해 놓은 것입니다. 염기 서열에 따라 키와 피부색 등 생물학적 특성이 결정돼요.

신기한 생물 이야기

"앗! 독수리가 까치를 피해 달아나고 있어요!"
"조심! 흡혈 진드기는 드라큘라보다 무섭답니다!"
"매미가 너무 조용히 울어서 답답하다고요?"
두근두근, 흥미진진한 생물들의 이야기가 펼쳐집니다!

신기한 동물 이야기 1

세상에서 가장 큰 물고기, 고래상어

권선만

고래상어의 몸길이는 최대 18미터까지 자랍니다. 몸무게는 자그마치 15~20톤에 이르지요. 고래상어는 세상에서 가장 큰 물고기라는 기록을 세웠습니다. 혹시 고래상어가 다이버와 함께 유유히 바닷속을 헤엄치는 사진이나 동영상을 본 적이 있나요? 어마어마하게 크고 몸도 무거운 고래상어와 함께 헤엄치는 것은 위험하지 않을까요?

고래상어의 성격이 온순하다고요?

정신이 아찔해질 만큼 덩치가 큰 고래상어는 비교적 온순한 물고기입니다. 그래서 다이버와 함께 헤엄치는 사진들을 쉽게 볼 수 있습니다. 그런데 고래상어는 고래일까요? 상어일까요?

정답은 상어입니다. 고래상어가 덩치가 크고, 또 이름에 '고래'라는 글자가 앞에 와서 고래라고 생각할

고래상어 ©Zac Wolf

수도 있지만, 엄연히 상어입니다. 가장 두드러진 고래와의 차이점은 바로 아가미가 있다는 점입니다. 몸통 옆면에 5개의 아가미구멍이 있지요. 이는 **연골어류**의 특징이기도 합니다. 반면 고래는 아가미가 없고 사람처럼 폐로 호흡을 합니다.

고래상어는 어떤 특징을 갖고 있나요?

고래상어가 처음 발견된 때는 1828년 4월입니다. 스미스라는 사람이 남아프리카공화국 케이프타운에서 잡은 4.6미터 길이의 고래상어를 보고한 것이 첫 공식 기록으로, 현재 영국 대영박물관에 보관 중입니다.

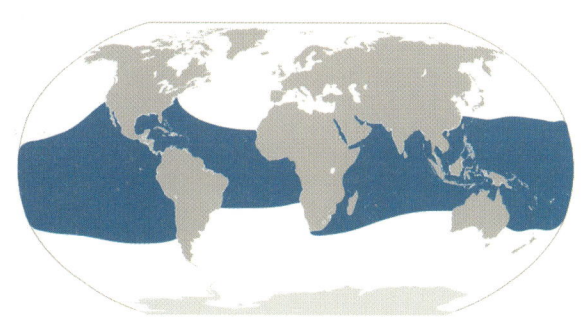

고래상어 분포 해역

고래상어는 전 세계 온대와 **열대** 해역에 서식하는 것으로 알려져 있습니다. 육지와 가까운 바다와 먼 바다를 회유(두루 돌아다니는 것)한다고 하는데, 정확한 생태에 대해서는 아직 연구 중입니다. 고래상어는 위턱과 아래턱에 300~400열로

연골어류

단단한 뼈가 아닌 연골로 뼈들이 이루어진 어류입니다. 연골은 말 그대로 부드러운 뼈예요. 상어류, 은상어류, 가오리류가 연골어류에 속합니다.

이루어진 매우 작은 이빨을 갖고 있어요. 플랑크톤, 소형 갑각류, 소형 어류 등을 먹는데, 아가미를 통해 먹이를 필터처럼 걸러 먹습니다.

고래상어의 출생의 비밀

1953년 멕시코 만에서 난각(새끼를 보호하는 어류의 알 껍질)이 발견되었습니다. 이 난각 속에는 36센티미터 크기의 새끼 고래상어가 들어 있었습니다. 이 때문에 고래상어는 난생으로 추정되었습니다. 난생이란 어미가 몸 밖으로 낳은 알 속에서 새끼가 성장하는 형태를 말합니다. 그 후 1995년 7월 타이완에서 길이 10.6미터, 무게 약 16톤의 암컷 고래상어가 잡혔습니다. 이 고래상어의 배 속에서는 출산 직전인 새끼, 난각에서 부화한 새끼, 새끼가 들어 있는 난각 등 약 300여 개체가 발견되었습니다. 이에 따라 고래상어는 난생이 아닌 **난태생**이라는 것을 알게 되었습니다.

플랑크톤을 걸러 먹는 고래상어
ⓒArturo de Frias Marques

국제적으로 보호받는 고래상어

최근 우리나라 제주도에서도 고래상어 2마리가 잡혀 화제가 되었습니다. 이 녀석들은 수족관으로 보내졌는데, 안타깝게도 사육하던 중 1마리가 죽고 말았습니다. 다른 1마리는 다시 자연의 품으로 돌려보냈습니다. 우리나라에는 아직 고래상어의 포획 기록을 공식적으로 통계화한 자료는 없습니다. 타이완과 일본에서 고래상어가 포획된 시기를 분석해 보면, 타이완에서는 5~9월 사이, 수온이 22~29도일 때 많이 잡혔다고 합니다. 일본의 경우는 5~9월 사이, 수온이 21.9~25도일 때였다고 합니다. 이 자료들에 비추어 고래상어의 먹이인 플랑크톤이 연안에서 대량 번식하는 시기와 관련 있을 것으로 추측하고 있습니다.

현재 고래상어는 'CITES(멸종 위기에 처한 야생 동식물 종의 국제거래에 관한 협약)'에 등재되어 국제적으로 보호를 받는 종입니다. 또한 아직 연구할 점이 많은 어류이기도 합니다. 최근 우리나라도 주변 해수 온도 상승으로 고래상어와 만날 가능성이 높아지고 있습니다. 고래상어를 보호하면서 연구할 수 있는 방법을 고민해야 할 때입니다.

난태생

어미의 몸 안에서 새끼가 알을 깨고 나온 뒤 살아 있는 상태로 어미의 몸 밖으로 나오는 형태입니다. 조피볼락(우럭), 망상어, 홍어 등이 난태생 어류예요. 한편 사람이나 포유류 동물처럼 어미의 몸 안에서 어느 정도 발육한 후 태어나는 형태를 '태생'이라고 해요. 태생을 하는 동물은 어미의 자궁과 새끼를 연결해 주는 태반이란 기관을 통해 어미의 몸에서 영양을 얻지요. 난태생 동물에게는 태반이 없어요. 이들은 난황(알에 포함되어 있는 영양 물질. 달걀 노른자위가 난황의 대표적인 사례이다)에서 영양을 얻습니다.

신기한 동물 이야기 2

경쟁을 피해 살아가는 박새류의 지혜

허위행

우리나라에는 500여 종의 새가 살고 있습니다. 이 중 절반 이상이 직간접적으로 나무와 숲에 의지해 살아가지요. 박새도 그런 새입니다. 박새류는 가정집 정원에서부터 깊은 산속에서까지 흔하게 볼 수 있는 새인데요. 박새, 곤줄박이, 쇠박새, 진박새가 박새류에 속합니다. 이들은 모두 친척이라고 할 수 있을 만큼 생김새도 비슷하고 살아가는 모습도 많이 닮았습니다. 그럼 어떤 점이 닮았는지, 혹시 차이점은 없는지 함께 살펴볼까요?

친척이지만 경쟁은 필수

박새류는 좋아하는 먹이도 서로 비슷합니다. 알을 낳고 새끼를 키우는 봄에는 나뭇잎을 먹고 자라는 **나비목**의 애벌레를 가장 좋아하고, 번식이 끝나는 8~9월부터는 주로 나무 열매나 풀의 씨앗 등을 먹지요.

박새류의 대표종인 박새

박새류가 사는 숲에 이런 먹이들이 날마다 넘쳐난다면 모두 사이좋게 살 수 있겠죠? 하지만 현실은 그렇지가 못합니다. 비슷한 종류의 먹이라도 양이 한정돼 있기 때문에 저마다 살아남기 위한 경쟁은 피할 수 없습니다. 박새류는 되도록 이런 경쟁을 피하기 위해 서로 먹이를 먹는 위치와 방법을 조금씩 달리했습니다. 함께 살아갈 수 있는 방법을 스스로 개척한 것이지요.

박새류의 먹이 먹는 법 1

박새류가 새끼를 키우는 봄, 이 시기엔 저마다 먹이 먹는 장소, 먹는 방법, 잡아먹는 먹이의 크기 등에 차이가 있습니다. 몸집이 작은 진박새와 쇠박새는 나뭇가지에 매달려서 잎 아랫부분에 사는 애벌레를 주로 잡아먹습니다. 이에 비해 몸집이 큰 박새는 나뭇가지에 앉아서 먹이를 잡아먹습니다. 곤줄박이는 나뭇가지 이곳저곳에 자리를 잡은 채 먹이를 구하는데, 이

나뭇가지 사이를 옮겨 다니며 먹이를 찾는 진박새

나비목

'목'은 동물 분류 단계의 하나로, '과'의 윗단계입니다. 예를 들어, 까치는 '참새목-까마귓과'에 속하는 새예요. 나비목은 나비류와 나방류로 이루어져 있어요. 딱정벌레목에 이어 곤충 중에서는 두 번째로 큰 목으로, 나비목에 속한 곤충만 18만 종에 이릅니다.

를 위해 땅으로 내려오기도 합니다. 모두 먹이 경쟁을 피하기 위한 새들의 지혜입니다.

박새류의 먹이 먹는 법 2

가을이 되면 먹을 수 있는 곤충의 양이 크게 줄어듭니다. 그래서 이때부터 박새류는 4~5마리가 함께 작은 무리를 지어 생활합니다. 때로는 오목눈이, 쇠딱따구리, 동고비 등의 다른 새들과 섞여 10마리 이상의 무리를 이루어 숲 속을 돌아다닙니다.

여하튼 이 시기에도 먹이를 먹는 장소와 방법에 차이를 보입니다. 대부분 나무의 가지나 줄기에서 먹이를 찾지만, 박새와 곤줄박이의 경우 숲의 바닥까지 내려가 먹이를 찾아 먹기도 합니다.

박새류가 가장 즐겨 먹는 먹이는 곤충류입니다. 박새가 해충을 부지런히 먹어주는 덕분에 숲이 망가지는 것을 막을 수 있습니다.

땅으로 내려와 먹이를 찾는 곤줄박이

가는 나뭇가지에 매달려 먹이를 찾는 쇠박새

경쟁을 피하는 것은 적응이자 진화

우리나라와 같은 **온대** 지역의 숲은 나뭇잎에 애벌레가 자라나고 씨앗이나 열매가 익는 시기가 대체로 비슷합니다. 그래서 숲에 사는 새들이 먹이를 구하는 때와 장소가 서로 겹치게 되지요. 하지만 박새류와 같이 비슷한 먹이를 좋아하는 새들은 여러 가지 방법을 통해 먹이를 나눠 먹으면서 경쟁을 피합니다. 이는 한정된 자원을 갖고 함께 살아가는 법을 터득한 일종의 적응이자 진화라고 할 수 있습니다.

온대

기후대의 하나로 더운 열대와 추운 한대 사이의 지역이에요. 우리나라는 온대에 속합니다. 온대는 위도상으로는 중위도, 즉 대략 위도 20~50도에 이르는 지역이에요. 위도란 지구 위의 위치를 나타내기 위해 적도를 중심으로 해서 남쪽과 북쪽에 각각 평행하게 그은 선이에요. 적도를 0도로 하고 남북으로 각각 90도로 나누는데, 북쪽의 것을 북위, 남쪽의 것을 남위라고 해요. 온대 지역은 연평균 기온이 0~20도를 기록합니다. 기후가 따뜻하고 여름과 겨울의 구별이 뚜렷하지요. 또한 비의 양도 적당한 편이에요.

신기한 동물 이야기 3

도움을 주고받는 사이, 갯벌과 갯벌 생물

전주민

갯벌은 강이나 바다에서 물이 드나드는 곳을 의미하는 '개'와 넓은 벌판을 의미하는 '벌'이 어우러진 순우리말입니다. 오랜 세월에 걸쳐 조류(밀물과 썰물 때문에 일어나는 바닷물의 흐름)가 운반해 온 물질이 쌓여 만들어진 갯벌은 모래, 점토질 흙, 암반대로 이루어져 있습니다. 이들의 구성 비율에 따라 크게 모래 갯벌, 펄 갯벌, 암반대 갯벌로 구분합니다.

충남 태안의 갯벌

갯벌은 어떤 일을 할까요?

우리나라에는 남해안과 서해안의 해안선을 따라 넓은 갯벌이 분포합니다. 특히 서해안을 따라 길게 이어진 갯벌은 아마존 유역, 북해 연안, 캐나다 동부 연안, 미국 동부 조지아 연안과 더불어 세계 5대 갯벌에 포함될 만큼 규모가 큽니다. 갯벌은 오염 물질을 정화하는 일을 하며 홍수나 폭풍으로 인한 피해를 줄여 주는 역할도 합니다. 갯벌 생물들에게는 살기 좋은 생활 공간도 제공하지요.

갯벌에는 어떤 생물이 살고 있나요?

갯벌에는 다양한 생물이 살고 있습니다. 대표적인 갯벌 생물은 게, 쏙 등의 갑각류, 백합, 바지락 등의 조개류, 그리고 갯지렁이, 고둥류 같은 무척추동물입니다. 이들을 먹이로 삼는 물새도 빼놓을 수 없습니다. 갯벌 생물 대부분은 천적으로부터 몸을 보호하고 수분을 빼앗기지 않기 위해 땅속에 굴을 파고 생활합니다. 이들이 만든 굴은 산소를 공급해 갯벌이 살아 숨 쉬게 하지요. 갯벌 여행을 떠나면 굴속에 누가 살고 있나 관찰해 보세요. 게가 집게발을 쏙 내밀지도 모릅니다. 바위도 놓치지 마세요. 바위 그늘에 무리 지어 사는 고둥, 바위 표면에 꼭 붙어 사는 따개비, 꽃처럼 생긴 말미잘 등을 만날 수 있습니다.

나는 쏙이야!

나는 엽낭게야!

밤게

갯벌 생물 중 하나인 밤게는 무척 특이한 게입니다. 보통 게는 옆으로 걷는데, 밤게는 앞으로도 걷거든요. 비록 옆으로 걸을 때보다 속도는 느리지만, 집게다리를 비스듬히 들고 앞으로 걷는 모습은 눈길을 사로잡기에 충분해요. 밤게는 건드리면 죽은 척하는 습성도 있어요.

신기한 동물 이야기 4

하늘의 제왕 독수리의 불편한 진실

김성현

　천연기념물 제243-1호인 독수리는 멸종 위기종으로 보호받는 귀한 새입니다. 우리나라에서 가장 큰 **맹금류**이기도 하지요. 몸길이는 보통 80센티미터 안팎인데, 두 날개를 쫙 펼치면 최대 3미터에 이르기도 합니다. 거대한 날개를 이용해 하늘을 비행하는 독수리는 그 멋진 모습 때문에 '하늘의 제왕'이라 불립니다. 그래서 대부분의 사람들이 독수리가 용맹스럽고 탁월한 사냥 능력을 가진 멋진 새라고 생각합니다.

독수리가 눈칫밥을 먹는다고요?

어설픈 외모를 가진 독수리

　그러나 알고 보면 불편한 진실이 있습니다. 독수리를 가까이에서 보면 용맹스러움이 넘치기보다는 어쩐지 어설퍼 보일 것입니다. 머리깃털은 듬성듬성하여 볼품없고, 멍한 눈빛은 순박함을 넘어 어수룩하게 느껴질 정도입니다. 외모뿐만이 아닙니다. '날카로운 부리와 발톱으로 먹이 잡기'가 맹금류의 특징인데, 독수리만큼은 예외입니다. 덩치는 크지만 사냥 능력은 전혀 없고 죽은 사체만 먹고 삽니다. 다른 독수리가 어렵게 사체를 발견해 먹고 있으면 훔쳐 먹기 바쁘고, 서로 빼앗기지 않기 위해 도망 다니기 일쑤입니다. 더 안타까운 사실은 자기 몸의 10분의 1도 되지 않는 까치나 **큰부리까마귀**를 피해 다니며 눈칫밥을 먹고 산다는 것입니다.

안타까운 하늘의 제왕

까치를 피해 다니며 눈칫밥 먹는 독수리

우리나라를 찾는 독수리들은 몽골에서 번식을 마치고 자기 영역을 지키지 못해 밀려 내려온 어린 새가 대부분입니다. 그래서 더욱 눈칫밥을 먹는 독수리들이 많은 것이라 추측됩니다. 독수리는 강원도 철원, 경기도 파주 등의 비무장 지대에서 겨울을 나던 겨울 철새입니다. 그런데 2000년대에 들어오면서 서서히 개체 수가 증가하고 있고,

TIP

큰부리까마귀

몸길이 약 57센티미터인 까마귓과의 새입니다. 우리나라 방방곡곡에 번식하는 흔한 텃새이지만, 대체로 북한 지역에서 많이 번식해요. 성질이 예민해서 모험을 즐기는 편은 아니지만, 장소가 안전하다고 판단되면 사람이 있어도 겁내지 않고 먹이를 찾지요. 암수가 함께 생활하며 숲 속의 높은 소나무나 잣나무에 둥지를 틀어요. 잡초, 낟알, 과일, 썩은 고기나 음식 찌꺼기 등 가리지 않고 잘 먹습니다. 나비·메뚜기·딱정벌레 따위의 곤충도 잡아먹지요.

남부 지방에서도 관찰되는 횟수가 늘고 있습니다. 하지만 사냥 능력이 없어 대부분 축사 근처에서 버려진 가축을 먹고 사는 형편이지요. 사람들의 관심과 먹이 주기 활동 등으로 최소한의 보호는 이루어지고 있습니다.

독수리는 왜 머리깃털이 적을까요?

'독수리'의 '독'은 대머리 또는 민머리를 뜻합니다. 전 세계에 23종의 독수리들이 살고 있는데, 대부분 머리깃털이 빠져 있거나 듬성듬성 나 있습니다. 독수리의 '머리숱'이 이렇게 적은 까닭은 먹이를 먹는 특성 때문입니다. 죽은 동물의 내장을 먹으려면 머리를

긴 날개와 큰 덩치를 지닌 독수리

깊이 쑤셔 넣어야 하는데, 머리깃털이 많으면 깃털이 다칠 수 있고 피부병까지 생길 수가 있거든요. 즉 독수리는 질병에 걸리는 것을 피하기 위해 머리깃털 없는 모습으로 스스로 진화한 것입니다. 독수리는 먹이를 찾기 위해 고도가 낮은 곳에서 수천 미터 높이까지의 공간을 수시로 오르락내리락합니다. 이때 고도에 따라 달라지는 기온 변화에 적응하려면 숱이 많은 머리보다는 대머리가 유리합니다. 이 또한 독수리가 환경에 적응하기 위해 노력한 결과입니다.

독수리는 다른 맹금류들과 다르다고요?

맹금류답지 않은 맹금류이지만 독수리는 하늘을 날 때만큼은 분명 눈길을 사

하늘을 나는 독수리

로잡는 새입니다. 긴 날개 덕분에 멋지게 보이지요. 독수리의 날개는 다른 맹금류 새들에 비해 길이가 깁니다. 그 까닭은 먹이를 찾는 데 들어가는 에너지 소비를 낮추기 위함입니다. 보통 새들은 새벽부터 먹이를 찾기 위해 바삐 움직입니다. 그런데 독수리는 태양 빛에 의해 땅이 데워질 무렵 먹이를 찾아 움직입니다. 높은 하늘 위를 오랫동안 빙빙 돌면서 땅 위의 먹이를 찾지요. 긴 날개는 오랜 시간 하늘을 활공하는 데 큰 도움이 됩니다.

독수리는 보통 맹금류와 울음소리도 다릅니다. 매와 같은 맹금류는 자신의 세력권을 알리기 위해 날카로운 소리로 웁니다. 그러나 독수리는 병아리 울음소리와 비슷한 소리를 냅니다. 소리도 병아리보다는 크지만 그리 크지 않습니다. 큰 덩치에 어울리지 않는 울음인데요. 사체를 먹는 독수리는 동족끼리 먹이를 발견하기 위한 나름의 협조 체계를 갖춰야 하기 때문에 그렇게 우는 것입니다.

맹금류

동물을 잡아먹는 육식성 조류를 말해요. 매목과 올빼미목으로 나뉩니다. 사냥을 해야 하므로 감각이 예민하고 행동이 민첩해요. 짧지만 날카로운 부리는 고기를 뜯어먹기에 알맞고요. 발톱 역시 날카롭고, 다리는 튼튼합니다. 낮에 활동하는 매류와 수리류는 시력이, 밤에 활동하는 부엉이와 올빼미류는 청력이 발달했어요. 대부분 살아 있는 짐승을 잡아먹는데, 독수리처럼 죽은 짐승의 사체만을 먹는 종도 있지요.

신기한 동물 이야기 5

아름다운 섬 가거도에서 독실산거머리를 만나요

서홍렬

가거도는 전라남도 신안군 흑산면에 딸린, 면적 9.18제곱킬로미터의 작은 섬입니다. 기암절벽이 장관인 이 섬에는 높이 639미터의 독실산이 우뚝 솟아 있습니다. 그런데 이 독실산에 사람의 피를 빨아 먹는 무시무시한(?) 동물이 살고 있습니다. 그 주인공은 바로 독실산거머리입니다. 그동안 독실산 탐방객들을 통해 소문으로만 들려 왔던 독실산거머리가 2012년 7월 국립생물자원관의 현지 조사에 의해 드디어 실체를 드러냈습니다.

독실산거머리의 이름에는 어떤 뜻이 담겨 있나요?

독실산거머리는 지금껏 우리나라에서는 찾아볼 수 없었던 '한국미기록종'이었습니다. 그런데 2012년 여름 가거도 독실산에서 서식하고 있는 것이 공식적으로 확인되었고, 100개체의 표본이 확보되었습니다. 독실산거머리의 학명은 산거머리의 일종인

가거도 독실산 지역. 습하고 낙엽층이 두텁다

'해마딥사 류큐아나'입니다. 그런데 우리나라에서는 독실산에서 최초로 발견되었고, 또 그 일대에만 살고 있는 것으로 판명되어 '독실산거머리'라는 이름을 얻게 된 것이지요.

독실산거머리는 어떤 동물인가요?

전 세계적으로 약 500종이 알려져 있는 거머리는 대표적인 흡혈 동물입니다. 소수 종을 제외하고는 대부분 물에 살지요. 우리나라에 알려진 거머리류는 16종인데, 모두 물에 살고 있습니다. 그런데 독실산거머리가 발견되며 땅에 사는 종이 더해지게 되었습니다. 독실산거머리의 몸길이는 약 2.5~3센티미터 정도입니다. 원통형의 몸은 신축성이 아주 뛰어납니다. 그런데 왜 독실산에서만 살고 있을까요? 그 까닭은 독실산의 환경이 살기 좋기 때문입니다. 가거도 한가운데에 자리한 독실산은 토양이 두터운 낙엽층으로 이루어져 있고, 1년 내내 습한 기후를 유지합니다. 또 겨울에도 영하로 내려가는 날이 적지요. 이러한 환경은 독실산거머리가 살기에 매우 안성맞춤입니다.

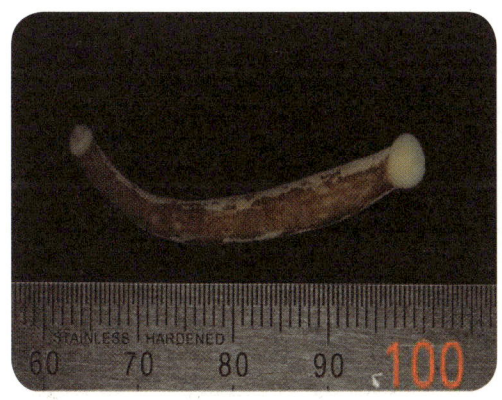

독실산거머리

바위 위에서 먹이를 기다리는 독실산거머리

독실산거머리의 생활 방식

독실산거머리의 주 서식처는 산속의 낙엽 속, 바위 밑 등 습도가 높은 지역입니다. 기온이 낮아지고 건조해지면 땅속에서 휴면 상태로 있다가 온도가 25도, 습도가 60퍼센트 이상에 달하면 슬슬 활동을 시작합니다. 가거도에서는 주로 장마철에 나타나기 시작해서 9월 중순까지 활동합니다. 그리고 이듬해 장마철까지 휴면 상태에 들어가지요. 독실산거머리는 숲의 이동 통로에서 대기하고 있다가 사람이나 동물의 움직임으로 생긴 미세한 온도 변화와 공기의 떨림을 감지합니다. 그러고는 먹이를 찾아가 찰싹 달라붙어 피를 빨아 먹지요. 독실산거머리의 수명은 보통 2~3년인 것으로 알려져 있습니다.

한편 **아열대** 지역에만 서식하는 '독실산거머리'가 우리나라에서 발견된 원인으로 지구 온난화가 제기되기도 합니다. 일부 전문가들은, 기후 변화로 기온이 올라가면서 동남아시아와 일본 등에 분포하는 '해마딥사 류큐아나'라는 학명의 산거머리가 우리나라의 가거도에까지 상륙했다는 분석을 내놓았습니다. 그러나 가거도 주민들은 독실산거머리를 오래전부터 독실산에 살고 있던 토종 거머리라고

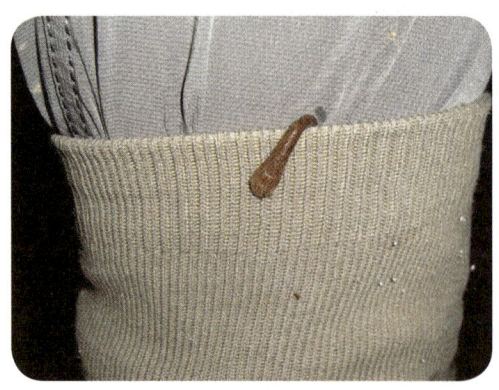

다리를 기어오르는 독실산거머리

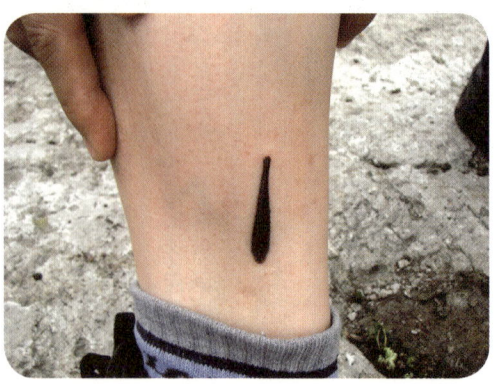

사람의 피를 빨아 먹고 있는 독실산거머리

주장합니다. 주민들은 독실산 후박나무 껍데기를 벗기기 위해 산을 누비다가 독실산거머리를 종종 만났다고 합니다. 독실산거머리가 공식 발표된 이후 한때 가거도에는 흡혈 거머리에 대한 공포로 관광객이 줄기도 했습니다.

독실산거머리에게 물리면 많이 아픈가요?

독실산거머리는 사람과 동물의 피를 빨아 먹고 사는데, 보통 1회 흡혈 시 1밀리리터의 혈액을 먹어 치웁니다. 경우에 따라 2~6밀리리터까지 먹기도 합니다. 식사 시간은 약 30분에서 1시간 사이입니다. 신기한 것은 독실산거머리가 흡혈하는 동안 전혀 아프지 않다는 점입니다. 흡혈할 때 먹이의 몸속에 마취 성분을 분비하기 때문에 먹이는 통증을 느끼지 못합니다. 한 가지 문제는 항응고제입니다. 독실산거머리를 비롯해 거머리들은 흡혈할 때 먹이의 피가 굳지 않도록 항응고제를 분비합니다. 때문에 흡혈 부위가 지혈이 안 되어 상당한 양의 출혈이 계속될 수도 있습니다. 하지만 대부분은 금방 지혈이 되므로 크게 걱정할 점은 없습니다.

거머리 치료

거머리가 분비하는 항응고제 물질 '히루딘'은 백혈구를 활성화시키고 혈액 순환을 도와요. 따라서 심장병에 효과가 있지요. 외국에서는 이 히루딘을 적극적으로 의료 분야에서 활용하고 있어요. 거머리는 피부 이식 환자에게도 아주 쓸모가 있습니다. 피부 이식으로 인해 정맥 혈관이 막혀서 피가 안 통하는 경우가 있는데, 이때 거머리를 붙여서 피를 빨게 하면 뭉친 핏덩이를 제거해서 막힌 혈관을 뚫어 줄 수 있어요.

신기한 동물 이야기 6

지금보다 미래가 더 기대되는 선충

배창환

선충에 대해 아는 사람은 그리 많지 않을 것입니다. 이름만 보면 언뜻 기생충이나 징그러운 벌레라는 느낌이 드는데요. 동물계에 속하는 선충은 실 모양의 동물입니다. 몸은 원통형으로 지렁이와 비슷하게 생기기도 했습니다. '선충(Nematodes)'이란 이름은 실을 의미하는 그리스어 'Nema'로부터 유래되었습니다. 선충에 대한 기록은 고대 이집트 시대인 기원전 1,500년 무렵까지 거슬러 올라가지요. 이렇게 '역사가 깊은' 선충은 과연 어떤 동물일까요?

역사에 기록된 선충을 소개합니다

1872년 고대 이집트의 수도였던 테베의 룩소르 지역에서 『에버스 파피루스』라는 서적이 발견되었습니다. 이 서적은 고대 이집트 시대인 기원전 1,500년 무렵에 쓰인 의학 서적이었습니다. 이 책에는 선충을 동물에 기생하는 동물 기생충으로 소개한 기록이 있습니다. 이 기록은 선충에 대한 최초의 기록입니다.

선충에는 동물 기생성 선충 외에 작은 생물을 잡아먹는 포식성 선충, 토양이나 물속의 유기물질과 미생물에 의존해 살아가는 자활성 선충, 식물에 기생하는 식물 기생성 선충 등이 있습니다.

선충이 에베레스트 산에 올랐다고요?

선충의 크기는 토양에 서식하는 종이 1밀리미터 내외, 해양에 서식하는 종은 5밀리미터 이상입니다. 동물에 기생하는 종은 10~30밀리미터, 또는 경우에 따라서 40밀리미터 이상을 넘기도 합니다. 선충의 서식지는 무척 다양한데요. 종에 따라서 더운 열대 지방부터 추운 극지방, 낮은 평야 지대, 심지어 지구 상에서 가장 높은 에베레스트 산 꼭대기까지 서식지로 삼고 있습니다. 놀라운 점은 대륙을 넘나들며 서식지를 옮기는 경우도 있다는 것입니다. 스스로 이동하기 어려운 선충이 어떻게 이런 일을 할 수 있을까요?

선충의 먼 거리 이동은 주로 인간의 활동과 관련이 깊습니다. 감자와 고구마 등에 기생하며 병을 일으키는 감자시스트선충이 좋은 예입니다. 이 선충은 주로 유럽 지역에만 분포했습니다. 그런데 제1차 세계 대전 이후 미국에서도 종종 발견

시스트선충과 알

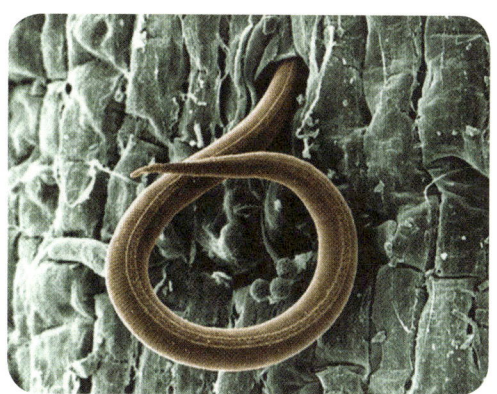

토마토 뿌리를 뚫고 들어가는 뿌리혹선충

되었습니다. 비행기, 전차 같은 전투 장비에 묻은 토양과 함께 유럽에서 미국으로 건너간 것이지요. 미국으로 터전을 옮긴 선충은 미국의 감자 재배에 엄청난 피해를 입혔습니다.

우리나라에는 어떤 선충이 살고 있나요?

우리나라에서는 두 종류의 선충이 유명합니다. 먼저 1980년대 후반 부산 금정산에서 처음 발견된 '소나무재선충'이 있습니다. 소나무재선충은 소나무에 큰 피해를 입히는 '소나무재선충병', 일명 '소나무 AIDS(에이즈)'로 널리 이름을 알렸습니다. 소나무재선충병은 매개충(동식물의 병원체를 옮기는 곤충)인 솔수염하늘소에 의해 감염된 소나무에게서 건강한 소나무로 전염됩니다. 소나무재선충은 최근 서식 범위를 점차 넓혀 가고 있습니다. 따라서 우리나라는 '2008년 소나무재선충 특별법'을 제정해 소나무 숲을 보존하기 위해 노력하고 있습니다.

다음으로 유명한 선충은 '예쁜꼬마선충'입니다. 흙 속에서 박테리아를 잡아먹는 예쁜꼬마선충은 세포의 **분화** 과정을 밝히는 실험 모델로 사용되는 유익한 선충입니다. 1998년 미국 워싱턴 대학의 로버트 워터스턴 박사와 영국 생거 연구소가 8년 간 공동 연구를 통해 예쁜꼬마선충의 전체 **게놈 지도**를 완성했습니다. 이 선충의 유전자는 사람과 일치하는 부분이 많아 과학자들은 생명체의 기본 요소를 이해하는 데 적합한 모델로 여깁니다.

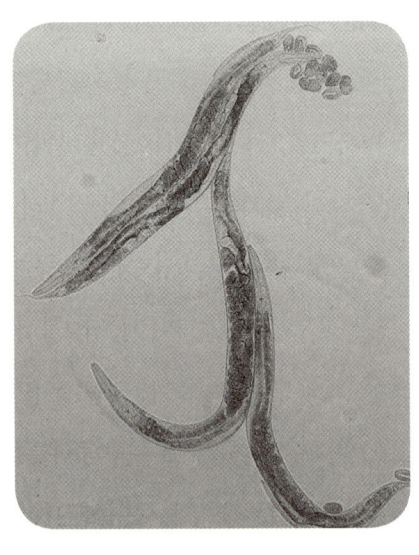

예쁜꼬마선충 ⓒkdfj

선충에게 거는 기대

앞서 살펴본 바와 같이 선충은 우리에게 긍정적인 영향과 부정적인 영향을 모두 끼칩니다. 이러한 선충은 장래에 새로운 종이 가장 많이 나올 수 있는 생물 종으로 주목받고 있기도 합니다. 다양한 서식지와 생태적 적응 능력을 갖추고 있는 선충. 더 많은 신종이 발견되어 우리에게 더욱 이로운 생물이 되기를 기대해 봅니다.

게놈 지도

게놈이란 낱낱의 생물체 또는 1개의 세포가 지닌 생명 현상을 유지하는 데 필요한 유전자의 총량입니다. 게놈은 우리말로 유전체라 풀이할 수 있어요. 게놈 지도란 염기가 모여 만든 유전자의 숫자와 위치를 나타낸 것이에요. '유전자 지도'라고도 하지요. 질병과 관련된 유전자 분석이 가능한 게놈 지도는 신약 개발과 미래 의학 등에 매우 쓸모가 있어요.

신기한 식물 이야기 1

뿌리에 독을 품은 천사의 꽃, 지리강활

이병윤

'지리강활'은 산형과(미나리과) 안젤리카(Angelica)속에 속하는 식물입니다. '안젤리카'라는 이름은 흑사병이 유행하던 시절 한 수도승의 꿈에 천사(Angel)가 나타나 흑사병을 고칠 수 있는 재료로 이 속에 속하는 식물을 소개했다는 전설에 따라 붙여지게 된 것입니다. 안젤리카는 '거룩한 하느님의 뿌리'라고 불릴 정도로 강력한 약용 성분을 지니고 있는 식물입니다. 서양에서는 만병의 근원인 악, 마귀, 분노 등을 이겨 내는 존재로서 대천사 미카엘의 보호를 받고 있다고 믿고 있습니다.

안젤리카속 식물의 쓰임새

당귀

유럽에서는 오래전부터 안젤리카속 식물을 소화 불량, 만성 기관지염, 발진티푸스, 여성의 부인병 치료에 이용해 왔습니다. 중국과 우리나라에서도 4,000여 년 이상 여러 종류의 안젤리카를 약재로 이용한 것으로 알려져 있습니다. 안젤리카속에 속하는 당귀, 천궁, 강활 등의 한약재와 궁궁이, 잔입바디, 개구릿대 등은 우리나라의 산야에서 자랍니다. 이 식물들은 잎이 갈라지는 모양이나 꺾이는 정도, 꽃색 등으로 알아볼 수 있는데, 전문가들도 쉽게 구분할 수 없을 만큼 다양한 모습으로 자연에서 살아가고 있습니다.

지리산에서 지리강활을 만나면?

우리나라 지리산 일대에 자란다 해서 이름 붙여진 지리강활은 7월 초부터 커다란 흰 꽃이 지리산 능선을 따라 예쁘게 핍니다. 백두대간 고산 지역을 따라 지리산 능선까지 주로 분포하는 **다년생 식물**로, 현재는 개체 수가 많아 멸종의 염려는 없습니다. 그런데 예쁜 모습에 마음을 빼앗기면 위험합니다. 지리강활은 뿌리에 맹독성 물질을 가진 독초거든요. 잎의 생김새가 식용인 바디나물과 비슷해 종종 중독 사고가 발생하기도 합니다. 때문에 절대 함부로 먹어서는 안 됩니다.

지리강활

바디나물

지리강활을 알아볼 수 있는 비결은 무엇인가요?

강활

지리강활은 처음에는 지리산에서 주로 자라는 우리나라 **고유종**으로만 알려져 있었습니다. 하지만 최근 학술 발표에 따르면 중국의 만주, 러시아의 연해주 사할린 지방에도 무리 지어 사는 동아시아 고유종인 것으로 밝혀졌습니다.

보통 지리강활과 개구릿대를 많이 혼동합니다. 개구릿대는 엽초(잎의 아랫부분에서 줄기를 둘러싸고 있는 부분)의 바깥 표면에 미세한 잔털이 빽빽하게 나 있는데, 한반도 중남부 지방에서는 찾아보기 어려운 식물이지요. 지리강활과 이름이 비슷한 강활은 전혀 다른 종류의 식물입니다. '강호리'라고도 불리는 강활은 털이 거의 없으며, 잎줄기가 무릎처럼 수차례 꺾이는 모습을 보입니다. 이와 달리 지리강활은 잎줄기가 꺾이지 않으며, 줄기가 대부분 자주색이고 꽃은 흰색입니다. 또한 잎이 모이는 곳에 붉은색 반점이 있습니다. 가장 많이 혼동을 일으키는 바디나물은 자주색 꽃을 피우는 특징이 있습니다.

지리강활로부터 건강을 지키는 길

지리강활의 뿌리에는 맹독성의 약용 성분이 있습니다. 이 독을 먹게 되면 건강을 잃을 수 있습니다. 그런데 아주 적은 양을 섭취하면 암을 치료하는 항암 효과가 있다고 합니다. 그래도 역시 전문가가 아니면 멀리하는 것이 좋습니다. 일부 자료에 따르면 지리강활이 뿌리에서 진한 악취를 풍긴다고 하는데, 실제로 악취가 거의 나지 않는 지리강활도 많습니다. 이따금 잎이 모이는 곳에 붉은색 반점이 돌지 않는 지리강활도 있고요. 따라서 자신의 주관에 따라 지리강활을 식별하고 또 섭취하는 것은 바람직하지 않습니다. 비록 천사를 닮았다 해도 안젤리카속 식물은 함부로 먹지 않는 것이 건강을 지키는 길입니다.

지리강활

고유종

어느 특정한 지역에 한해 나타나고 다른 지역에서는 볼 수 없는 생물 종을 일컫습니다. 널리 퍼져 살던 생물이 시간이 지나면서 대부분 멸종하고, 어느 특정 구역에서만 살아남거나 격리된 곳에서 홀로 진화한 경우 고유종이 생겨나요. 육지와 멀리 떨어지고 이동이 어려운 섬에서 특히 고유종을 많이 볼 수 있는 이유이지요. 우리나라에서만 볼 수 있는 한국 고유종으로는 꼬치동자개, 버들가지, 입가게거미, 금강초롱꽃, 미선나무, 모데미풀 등이 있어요.

신기한 식물 이야기 2

멸종 위기종, 독미나리를 보호하라

오현경

독미나리는 그 이름처럼 무서운 맹독을 지니고 있습니다. 때문에 독근 또는 독근채화라고도 불립니다. 한국(북한), 일본, 중국, 러시아, 유럽, 북아메리카 등에 널리 분포하는 독미나리는 고대 그리스 신화에도 등장하는, 인류와 매우 친숙한 종이에요. 철학자 소크라테스가 사형 선고를 받고 마신 독배에 담긴 '햄록'은 바로 이 독미나리에서 추출한 독입니다. 그런데 우리나라에서는 이 맹독성 식물인 독미나리를 약용으로 이용하고 있습니다. 어린잎을 나물로 무쳐 먹기도 하고요.

사라진 독미나리를 찾아라

독미나리

과거 독미나리는 강원도의 대관령 일대를 중심으로 널리 분포하는 것으로 알려져 있었습니다. 그런데 점차 눈에 띄게 그 수가 줄어들더니, 한동안 독미나리 **자생지**를 확인하기 어려워질 지경에 이르렀습니다. 급기야 2005년에는 환경부 멸종 위기 야생 생물 2급으로 지정되기까지 했지요. 이후 2007년 '멸종 위기 야생 생물 전국 분포 조사'를 통해 다행스럽게도 강원도 강릉시 대기리에서 독미나리의 자생지를 발견했습니다. 이곳은 예로부터 '동초밭'이라고 불릴 정도로 동초(독미나리)가 많은 곳이었다고 합니다. 하지만 발견 당시 겨우 20여 개체만 남아 있었습니다.

독미나리를 보호하라

엎친 데 덮친 격으로 독미나리 자생지 일대에서는 지방도로 확대 및 포장 공사가 한창 진행 중이었습니다. 독미나리 자생지가 도로로 변하고 남은 독미나리는 사라질 위기에 처해 있었던 것입니다. 동초밭은 국내 유일의 독미나리 자생지였습니다. 또한 그 옛날

도로 공사 구간 내 독미나리 자생지

율곡 이이 선생이 대관령에서 이곳으로 독미나리를 옮겨 심고, 공부하는 동안 즐겨 먹었던 유서 깊은 곳이기도 했습니다. 이렇게 소중한 곳을 잃어버릴 수는 없는 노릇이었지요. 그래서 많은 사람이 독미나리를 보호하기 위해 힘을 모았습니다. 마침내 도로 노선을 변경함으로써 자생지를 지켜낼 수 있었습니다.

동초밭을 지켜내다

독미나리 자생지가 발견되었을 때 이미 도로 공사는 80퍼센트 이상 진행된 상태였습니다. 독미나리는 멸종 위기종이므로 어떤 상황에서도 보호해야 하는 것

은 언뜻 당연하게 느껴집니다. 그런데 우리나라에서 공사 완료를 거의 앞두고 있는 시점에 공사 계획을 바꾸면서까지 멸종 위기의 생물을 보호했다는 것은 매우 이례적인 일입니다. 더구나 토지의 주인이 있는 사유지에서 일어난 일이라 더욱 가치 있는 사례로 평가받고 있습니다.

보호 중인 독미나리 자생지

이것은 강원도로관리사업소, 토지소유주, 원주지방환경청, 국립생물자원관이 서로 마음을 모은 결과입니다. 이들은 머리를 맞대고 대책 회의를 열어 도로 노선과 토지매매계약을 변경했습니다. 그래서 사라질 위기에 처한 독미나리 자생지를 가까스로 지켜낼 수 있었습니다.

독미나리 자생지 보호를 거울삼아

노선이 변경된 도로와 독미나리 자생지

독미나리 자생지를 지켜낸 일은 우리나라 멸종 위기종과 그 서식지 보호를 위한 바람직한 민·관 협력 모델이 되었습니다. 이 일을 거울삼아 많은 사람들이 멸종 위기종에 대한 보호 조치를 발 빠르고 또 효율적으로 실천하고 있습니다.

자연스럽게 독미나리에 대한 관심도 부쩍 높아졌습니다. 더욱 관심을 기울여 자생지를 찾은 결과 전라북도 군산 일대에서도 대규모 독미나리 자생지를 발견할 수 있었습니다. 현재 전국에 걸쳐 독미나리 자생지를 찾고 독미나리의 생태를 관찰하는 작업이 이루어지고 있습니다.

독초

생물에게 해를 끼치는 독을 지니고 있는 풀을 독초라고 불러요. 대표적인 독초로, 바꽃속 식물을 꼽을 수 있어요. 바꽃속 식물에는 아코니틴이라는 독이 들어 있는데, 이 독은 독화살에 쓰이기도 했습니다. 양귀비속 식물도 유명한 독초예요. 이 식물은 모르핀 류의 마약 성분이 들어 있어 법적으로 재배가 금지되어 있어요. 이름에 '독'자가 들어간 풀은 독초일 확률이 높으니 조심할 필요가 있어요. 독미나리와 독말풀이 그 예입니다.

신기한 식물 이야기 3

먹을 수 있는 나물, 먹을 수 없는 독초

남기흠

나물이란 사람이 먹을 수 있는 풀이나 나뭇잎 따위를 통틀어 이르는 말입니다. 식탁에 오르면 반가운 고사리, 도라지, 두릅, 냉이 등이 대표적인 나물이지요. 나물은 삶거나 볶거나 또는 날것으로 먹기도 하는데, 주로 봄철에 채취하는 봄나물이 많습니다. 봄나물과 더불어 꼭 알아 두어야 할 것이 있습니다. 바로 독초인데요. 봄철에 독초를 나물로 오인해 먹는 사고가 빈번하게 발생하고 있습니다.

봄나물 건강하게 먹는 법

봄나물 중 달래, 돌나물, 씀바귀, 참나물, 취나물, 더덕 등은 생으로 먹을 수 있습니다. 그러나 두릅, 다래순, 원추리, 고사리, 피나물 등은 식물 고유의 독성분을 함유하고 있어 반드시 끓는 물에 데쳐 독성분을 제거한 후 먹어야 합니다. 특히 원추리는 자랄수록 독성분이 강해지기 때문에 반드시 어린순만을 먹어야 합니다.

피나물. 줄기를 자르면 주황색 유액이 나온다

삿갓나물. 우산나물과 닮은 삿갓나물은 올라오는 어린 순이 삿갓을 닮았다

왜 독초 사고가 일어날까요?

봄철에 독초를 나물로 오인해 먹는 사고가 빈번한 까닭은 독초의 어린순과 봄나물의 어린순이 비슷하기 때문입니다. 개발나물, 선덩굴바꽃(놋젓가락나물), 젓가락나물, 대나물, 동의나물, 삿갓나물, 요강나물, 피나물 등은 나물이라는 이름을 갖고 있지만 사실은 독을 지닌 독초입니다. 이 독초들에 '나물'이란 이름이 붙은 건 그 생김새까지 봄나물로 이용되는 식물과 매우 닮아서일 것입니다. 이 중 동의나물, 삿갓나물, 요강나물, 선덩굴바꽃(놋젓가락나물)은 독이 매우 강하므로 특히 주의해야 합니다.

대표적인 독초들은 어떤 특징을 갖고 있나요?

습지에서 자라는 동의나물은 미나리아재비과 식물입니다. 뿌리는 약용, 잎은 식용으로 쓰는 국화과 식물인 곰취와 비슷하지요. 곰취는 잎이 부드럽고 털이 약

곰취의 잎과 잎 모양이 비슷한 동의나물

잎을 생으로 먹을 수 있는 곰취

한 반면, 동의나물은 잎이 두꺼우며 앞·뒷면에서 광택이 납니다.

백합과 식물인 삿갓나물은 뿌리를 약용이나 식용으로 쓰는 우산나물과 혼동됩니다. 우산나물은 몸에 털이 많고 잘게 갈라진 잎의 끝이 2개로 깊게 갈라집니다. 삿갓나물은 줄기 끝에 잎의 가장자리가 갈라지지 않은 잎이 6~8장이 돌려나지요. 식용 가능한 백합과의 하늘말나리와 말나리의 어린잎도 삿갓나물과 비슷해요. 어린잎에 얼룩이 있는 점, 잎은 돌려나지만 약간씩 어긋나 있는 점이 차이점입니다.

산마늘의 잎과 잎 모양이 비슷한 박새

잎 모양이 박쥐를 닮은 나래박쥐나물

선덩굴바꽃(놋젓가락나물)은 맹독성 식물로 옛날에는 사약의 주원료로 쓰였습니다. 이른 봄 새순은 **묵나물**로 먹을 수 있습니다. 삶아서 물에 담가 독성분을 빼낸 뒤 말려서 먹으면 됩니다. 하지만 생으로 먹으면 큰일 납니다. 심한 구토와 오한이 나며, 많이 먹었을 경우 생명을 잃을 수도 있습니다.

기타 주의해야 할 독초들

산마늘(명이)로 오인할 수 있는 박새와 은방울꽃, 삼지구엽초로 오인할 수 있는 꿩의다리, 박쥐나물과 비슷한 진범, 원추리로 오인하기 쉬운 여로 역시 주의해야 할 독초들입니다. 독초를 먹으면 복통과 구토, 구강 마비 등을 일으킬 수 있습니다. 경우에 따라 사망에 이를 수도 있지요. 산나물을 독초로 오인하여 채취하지 않도록 각별히 주의해야 합니다. 우선은 함부로 나물을 캐지 않는 것이 제일입니다.

독초의 해독

독초를 먹고 중독 증상이 나타나면 재빨리 응급조치를 취해야 해요. 손가락을 입에 넣어 구토를 일으켜 토해 내는 것은 기초적인 응급조치예요. 토한 다음에는 병원에 가서 위세척을 통해 독초를 없애야 합니다. 병원에 갈 때는 먹은 독초를 가져가는 것이 좋아요. 이미 독이 몸에 흡수된 상태라면 해독제를 투여해야 합니다. 한편 사약에 들어갔던 독초 중 하나인 부자초에 중독되었다면 검은콩과 감초를 넣고 달인 물을 마시면 해독 효과를 볼 수 있어요.

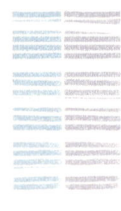

신기한 식물 이야기 4

비단처럼 고운 비단망사

조가연

해조류의 일종인 비단망사류는 전 세계적으로 20종이 알려져 있으며, 우리나라를 비롯해 일본, 대만, 호주, 뉴질랜드, 동남아시아, 아프리카 등 주로 따뜻한 바다에 살고 있습니다. 우리나라에서는 제주도와 남해안의 따뜻한 바다에 주로 서식합니다. '비단망사'라는 이름은 엽체(잎의 몸체) 끝이 비단의 망사처럼 예쁘게 갈라진다고 해서 붙여진 것입니다.

비단망사는 기후 변화에 민감하다고요?

지금껏 우리나라에는 1종의 비단망사만이 살고 있는 것으로 알려져 왔습니다. 그런데 2000년대 중반 제주 해역을 중심으로 명주비단망사, 호주비단망사, 비바리비단망사, 고운비단망사, 민비단망사, 두불비단망사, 제주비단망사, 조막손비단망사, 도톨비단망사 등 여러 종들이 발견되었습니다.

제주도 섭섬 바다에서 관찰한 비단망사 ©고용덕

현재 비단망사는 기후 변화 생물 지표종으로서 제주도나 남해안을 중심으로 서식지와 개체군 변화에 대한 관찰이 이루어지고 있습니다. 기후 변화 생물 지표종이란 기후 변화에 따라 분포 지역, 개체군의 크기, 개체군의 계절 활동 등이 뚜렷하거나 뚜렷할 것으로 예상되는 생물 종을 말합니다. 최근 10여 년 전부터 제주도 일대에서 비단망사류가 빠르게 증가하고, 더불어 몸집이 커지는 현상은 기후 변화가 주요 원인으로 판단됩니다. 인위적인 영향도 어느 정도 있지만 기후 변화에 비하면 그리 크다고 볼 수 없습니다.

비단망사에 대한 풀리지 않는 의문

비단망사

비단망사류는 주로 수심 5~10미터 사이의 바다에서 자랍니다. 제주도의 비단망사류는 서식지 특성에 따라 형태 변이가 심하게 나타나기도 해서 이들이 과연 독립된 종인지, 같은 종 내에서 보이는 형태 변이인지 의문을 자아내기도 합니다. 이에 대한 답을 찾으려면 서식지 특성과 유전에 관한 다양한 연구가 필요합니다.

한편 제주 해역에서 새롭게 발견된 종들 중 명주비단망사, 비바리비단망사, 민비단망사, 제주비단망사, 조막손비단망사, 도톨비단망사 등 6종은 세계 최초로 보고된 신종입니다. 이들은 아직까지는 우리나라 고유종으로 알려져 있습니다.

신기한 식물 이야기 5

뿌리가 없는 식물, 이끼의 비밀

김원희

사람은 생물에 취미를 가질 때 대부분 곤충부터 시작한다고 합니다. 어린 시절 나비와 잠자리를 쫓아 매미채를 휘젓고 다니던 추억이 누구에게나 있을 것입니다. 어른이 되어서는 곤충이 놀던 풀꽃들로 관심이 옮겨 갑니다. 그리고 사진기를 들고 아름다운 꽃을 쫓아 산과 들을 헤매다 보면 어느새 나뭇가지, 나무줄기, 돌멩이 등에 붙어 있는 푸른 융단과도 같은 이끼와 마주하게 됩니다. 그래서 이끼는 어른들이 갖는 생물에 대한 애정과 탐구 정신의 마지막 종착역이라고들 합니다.

솔이끼와 우산이끼의 이름에 담긴 비밀

누구나 솔이끼와 우산이끼 정도는 알고 있습니다. 초등학교 과학 시간에 배우기 때문인데, 재미있는 이름 덕분인지 어른이 되어서도 잘 잊어먹지 않습니다. 그런데 이끼는 솔이끼와 우산이끼 딱 2종류만 있을까요? 정답은 '아니요'입니다.

이끼는 좀 더 어려운 말로 선태식물이라고 합니다. 선태식물은 다시 크게 3가지로 나뉩니다. 솔이끼류에 해당하는 선류, 우산이끼류에 속하는 태류, 그리고 뿔

| 솔이끼 | 우산이끼 | 뿔이끼 |

이끼류입니다. 뿔이끼류는 꽃을 피우는 식물의 열매에 해당하는 **포자체**가 뿔처럼 생겼다고 해서 붙은 이름입니다. 이쯤에서 혹시 어떤 독자는 눈치를 챘는지도 모르겠네요. 그렇습니다. '솔이끼', '우산이끼'는 각각 선류와 태류를 통틀어서 쉽게 부르는 이름입니다.

이끼가 바다에서 살았다고요?

녹조류에서 기원했다는 설이 있는 이끼는 바다에서 살다가 땅으로 올라와 정착

고생대 데본기(114쪽)

고생대는 약 5억 4,200만 년 전부터 2억 5,100만 년 전까지의 지질 시대예요. 지질 시대란 지구가 이루어진 이후부터 문자로 역사를 기록한 역사 시대 이전까지의 시대로, 지층 속 동물의 화석을 기초로 시대 구분을 해요. 고생대는 시간적 순서에 따라 캄브리아기, 오르도비스기, 실루리아기, 데본기, 석탄기, 페름기로 나뉘어요. 이끼가 땅에 정착한 데본기는 4억 1,600만 년 전~3억 5,920만 년 전 사이의 시기예요. 데본기 때는 어류와 양서류도 출현했어요.

한 식물입니다. 식물 중에서는 최초로 육상 생활을 시작한 식물로 알려져 있지요. 이끼가 바다에서 땅으로 처음 올라온 시기는 약 4억 년 전(**고생대 데본기**)입니다.

전 세계적으로 선류는 약 1만 6,000종, 태류는 약 8,000종, 뿔이끼류는 약 200종이 알려져 있습니다. 우리나라에 살고 있는 이끼는 약 920종이 알려져 있는데, 앞으로 많은 새로운 이끼들이 발견될 것으로 기대하고 있습니다. 이끼는 흙과 바위 위에 융단같이 퍼져 자라기도 하고, 나뭇가지와 줄기에 붙어 커튼처럼 늘어져 자라기도 합니다. 심지어 사막이나 히말라야 산맥의 가장 높은 산꼭대기에도 살고 있습니다. 물론 물속에서도 아직 살고 있고요.

이끼는 뿌리가 없다고요?

이끼는 구조가 매우 단순합니다. 우리가 과학 시간에 배운 식물들이 가지고 있는 줄기의 '**관다발 조직**', 잎의 '**책상 조직**'과 '**해면 조직**', 그리고 뿌리를 가지고 있지 않은 것이 이끼입니다. 대신 이끼에게는 뿌리와 비슷한 기관인 헛뿌리(가짜 뿌리라는 뜻)가 있습니다. 이 헛뿌리는 이끼의 몸을 어딘가에 달라붙게 하는 기능만 가지고 있을 뿐입니다.

이끼에게는 또 하나 깜짝 놀랄 만한 특이한 점이 있습니다. 이끼는 식물이면서 동물처럼 정자를 통해 수정을 하고 번식을 한다는 점입니다.

나무 위의 이끼

우리나라의 이끼 연구

우리나라의 이끼 연구는 이제 아장아장 걸음마를 배우는 아기와 같은 수준입

광학 현미경으로 관찰한 선류의 잎의 횡단면(왼쪽)과 줄기 횡단면(오른쪽)

니다. 아직 연구할 분야가 무궁무진하게 많다는 뜻입니다. 우리나라에서 특이한 이끼가 많이 발견되고, 수백만 년 이 땅을 지켜온 이끼의 신비한 역사를 밝혀내기 위해 많은 사람들이 관심을 갖기를 바랍니다. 이끼 연구자들도 많이 생겨나길 바라고요.

책상 조직과 해면 조직

책상 조직과 해면 조직은 잎살(잎의 표피와 잎맥을 제외한 나머지 녹색의 부분)을 구성하는 조직이에요. 보통 잎의 표면은 책상 조직, 뒷면은 해면 조직으로 이루어져 있어요. 두 조직은 서로 힘을 합해 광합성을 하지요. 책상 조직이 광선을 받아 광합성을 할 때 해면 조직은 광합성의 원료인 이산화탄소와 광합성 산물인 산소의 공급과 배출을 맡아요.

신기한 곤충 이야기 1

끈질기게 살아남기 위한 진딧물의 지혜

서홍렬

가을이면 우리 주변의 식물에서 흔히 볼 수 있는 곤충이 있습니다. 바로 진딧물입니다. 진딧물은 식물의 잎, 줄기, 뿌리 등에 살면서 식물의 수액을 먹이로 먹습니다. 그래서 식물에 직접 피해를 끼치지요. 더구나 다른 식물에게 전염병을 전하는 매개가 되기도 해서 농업 분야에서는 해충으로 분류합니다. 하지만 붉나무에게는 좋은 영향을 끼칩니다. 붉나무가 항암제 등 여러 용도의 한약재로 사용하는 유익한 **오배자**를 만드는 데 도움을 주거든요.

진딧물이 의학계의 주목을 받는다고요?

진딧물은 전 세계적으로 4,000여 종, 우리나라에는 400여 종이 알려져 있습니다. 몸길이가 0.5밀리미터 안팎인 작은 종부터 8밀리미터에 이르는 큰 종도 있습니다. 최근에는 진딧물 집단을 천적으로부터 방어해 주는 병정진딧물이 한국 및 일본 등의 아시아 지역에서 발견되기도 했습니다. 병정진딧물은 개미 같은 곤충의 보호를 받는 보통 진딧물들과 달리 뿔을 닮은 머리 돌기를 이용해 천적을 공격합니다. 무당벌레류, 꽃등에류, 풀잠자리류 등은 대표적인 진딧물의 천적입니다.

한편 사람을 구침(진딧물의 몸 앞끝에 붙어 있는 주사침같이 생긴 기관. 구침으로 식물 조직을 뚫어 즙액을 빨아 먹는다)으로 찔러서 피부과적인 문제를 일으키는 종들도 보고되었습니다. 그동안 진딧물은 식물에게만 피해를 주는 것으로 알려져 왔는데, 이 학설에 어긋나는 경우가 발생해 의학계의 주목을 받고 있습니다.

진딧물이 유도한 붉나무의 오배자

진딧물은 어떻게 번식할까요? 1

진딧물은 보통 수정된 알 상태로 겨울을 보냅니다. 이 알을 '월동란'이라고 하지요. 이듬해 봄, 월동란을 깨고 '간모'라는 벌레가 나옵니다. 간모는 날개가 없고, 성별은 암컷입니다. 간모가 자라서 어른이 되면 알이 아니라 새끼를 낳는데, 이때 수컷의 도움을 받지 않습니다. 이와 같이 암컷이 수컷과의 결합 없이 알이나 새끼를 낳는 것을 단위생식 또는 단성생식이라고 합니다.

사람을 가해하는 진딧물의 한 종류

신기한 것은 어른이 된 간모가 낳은 새끼들은 모두 암컷이라는 점입니다. 이 새끼들을 '태생 암컷'이라 부르는데, 역시 어미처럼 날개가 없습니다. 태생 암컷은 또다시 수컷의 도움 없이 홀로 새끼를 낳는 단위생식으로 초가을까지 꾸준히 번식합니다. 이때 1마리의 태생 암컷은 50~100마리의 새끼를 낳습니다. 새끼들은 태어난 지 일주일 이내에 다시 어른이 되고, 이후 30일 동안 하루에 5마리씩 새끼를 만들어 내지요.

진딧물은 어떻게 번식할까요? 2

가을이 깊어져 해가 짧아지고 온도가 낮아지면 진딧물도 환경의 변화를 느끼고 겨울을 준비하기 시작합니다. 이때 단위생식으로 번식한 태생 암컷들이 날개가 있는 암컷과 수컷을 낳습니다. 이 수컷과 암컷 무리는 함께 **숙주식물**로 날아가 정착하는데요. 이때 암컷은 혼자 힘으로, 즉 단위생식을 통해 **교미**가 가능한 '유성형 암컷'을 낳습니다. 이렇게 태어난 유성형 암컷은 늦가을에 수컷과 아름다운 짝짓기를 하고 수정란을 숙주식물에 낳습니다. 이 수정란은 월동란 상태로 겨울을 납니다. 그리고 이듬해 봄, 월동란에서 간모가 나오게 되지요. 다시 진딧물의 화려한 번식이 되풀이되는 것입니다.

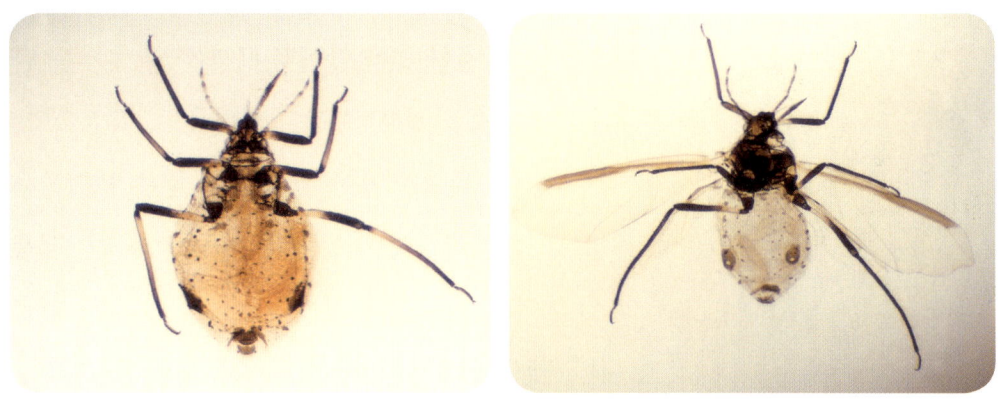

향나무왕진딧물. 왼쪽은 날개가 없는 무시형, 오른쪽은 날개가 있는 유시형이다

진딧물의 지혜로운 생존 전략

먹이가 풍부한 봄과 여름, 진딧물은 암컷만 번식시킵니다. 암컷 홀로 단위생식을 통해 후손을 퍼뜨려 유전자를 보존하지요. 그러다가 날씨가 싸늘해지고 먹이도 부족해져 살아가기 힘든 시기가 오면 스스로 수컷도 만들어 냅니다. 그러고는 수컷을 통해 유전적으로 새롭게 조합된 후손을 준비하며 매서운 겨울을 보냅니다. 이러한 생존 전략이 다가올 봄을 풍요롭게 만듭니다. 참으로 놀랍고 지혜로운 생존 전략입니다.

진딧물의 번식력

진딧물은 엄청난 번식력을 자랑해요. 18세기 말의 박물학자 레오뮈르가 계산한 바에 따르면 진딧물 태생 암컷 1마리의 후손들이 여름 내내 죽지 않고 계속 번식한다면 지구 둘레보다 더 긴 4만 3,000킬로미터의 대열을 형성할 것이라고 합니다. 하지만 진딧물을 먹는 많은 천적과 여러 가지 환경 요인 탓에 실제로 진딧물의 수가 기하급수적으로 증가하지는 않습니다.

신기한 곤충 이야기 2

매미의 조용한 울음소리에 귀 기울여 보세요

김기경

우리나라에는 12종의 매미가 살고 있습니다. 대부분의 사람들이 매미 하면 한여름의 고요함을 깨는 울음소리를 떠올릴 겁니다. "매앰매앰~." 동네방네 울려 퍼지는 매미의 울음소리는 정겹기도 하지만 듣는 이에 따라 짜증을 일으키기도 합니다. 그런데 매미 소리가 다 시끄러운 건 아니에요. 사람이 거의 들을 수 없을 만큼 조용한 울음소리도 있답니다.

시끄럽게 우는 매미는 누구일까요?

큰 울음소리를 내는 매미는 다음과 같이 3종을 꼽을 수 있습니다. 8월 한여름 새벽부터 울어 대는 참매미, 오전 8~9시부터 울어 대는 말매미, 낮이나 밤이나 울어 대는 쓰름매미가 그 주인공들입니다. 쓰름매미는 흔히 쓰르라미라고 부르기도 합니다. 참깽깽매미도 뒤지지 않습니다. 다만 참깽깽매미는 울창한 숲 속에 주로 살기에 울음소리를 만날 수 있는 기회가 비교적 적습니다. 참깽깽매미는 강원도 오대산이나 경기 북부 지역, 경북 문경 지역 등의 산림에 살고 있습니다.

조용하게 우는 매미는 누구일까요?

말매미, 참깽깽매미, 참매미, 유지매미의 울음소리를 녹음해서 분석해 본 결과 사람들이 가장 또렷하게 들을 수 있는 소리의 **주파수**대는 3-6킬로헤르츠로 나타났습니다. 반면 주파수대가 13킬로헤르츠인 세모배매미의 울음소리는 거의 들리지 않을 정도입니다. 이밖에 풀매미, 호좀매미 등은 중심 주파수대가 10킬로헤르츠로, 말매미나 참매미 소리보다는 작게 느껴지거나 조용한 울음소리를 가진 매미들입니다.

주파수

전파나 음파가 공간을 이동할 때 1초 동안에 진동하는 횟수를 말해요. 전파란 전류가 진동하면서 퍼져 나가는 전자파이며, 음파란 물체의 진동에 의해 생긴 공기의 진동이 주위로 퍼져 나가는 것입니다. 즉 음파는 소리의 파동, 쉽게 말해 소리가 퍼져 나가는 현상이지요. 주파수의 단위는 전파가 있다는 것을 실험으로 증명해낸 독일 과학자 헤르츠(H. R. Hertz)의 이름을 따서 'Hz(헤르츠)'라 표기해요. 예를 들어, 1초당 1,000개의 파동이 지나가는 경우의 주파수는 1,000Hz(헤르츠)=1kHz(킬로헤르츠)입니다.

신기한 곤충 이야기 3

곤충의 재미있는 방어 전략

박선재

생태계에서 먹이를 중심으로 이어진 생물끼리의 관계를 먹이 사슬이라고 합니다. 쉽게 말해 서로 먹고 먹히는 관계입니다. 예를 들어, 파리를 잡아먹는 개구리와 이 개구리를 잡아먹는 뱀은 같은 먹이 사슬을 이루고 살아가는 것입니다. 그런데 **포식자**로부터 공격을 당하는 생물들이 번번이 힘없이 먹히기만 하는 건 아닙니다. 자신의 생명을 지키기 위해 나름의 방어 전략을 개발해 살아가고 있지요. 곤충의 세계에서도 이런 방어 전략을 펼치는 모습을 자주 볼 수 있습니다.

잘 알려진 곤충의 방어 전략

노린재류 ©Zeimusu

지금까지 밝혀진 곤충의 방어 전략은 다음과 같습니다. △포식자가 싫어하는 생물을 흉내 내기 (예 – 포도유리나방) △위험 상태에 처하면 죽은 척하기(예 – 바구미류) △자신의 몸을 이용해 포식자 놀라게 하기(예 – 사마귀류) △냄새가 매우 고약한 물질이나 맛없는 화학물질 분비하기(예 - 노린재류, 개미류) △카멜레온과 같이 주위 환경에 자신의 몸 숨기기(예 - 대벌레류) 등입니다. 그런데 색다른 방어 전략을 가진 곤충도 있습니다. 몸을 공처럼 말아서 주위의 공격으로부터 자신을 방어하는 곤충인데요. 그 곤충은 과연 누구일까요?

몸을 공처럼 말아서 자신을 방어하는 곤충

먼저 **절지동물**인 '공벌레'를 꼽을 수 있습니다. 공벌레는 외부로부터 자극을 받으면 몸을 안으로 감습니다. 그러면 작은 공처럼 보이지요. 다음으로 우리알버섯벌레류를 꼽을 수 있습니다. 이 곤충들의 대부분 종은 적으로부터 공격을 당하면 몸을 공처럼 동그랗게 감습니다. 하지만 우리 주변에서 우리알버섯벌레를 관찰하기란 쉽지 않습니다. 우리알버섯벌레류는 크기가 3~5밀리미터 정도로 매우 작은 곤충이기 때문입니다.

무시우리알버섯벌레

절지동물

등뼈가 없는 무척추동물 가운데 몸이 딱딱한 외골격으로 싸여 있고, 몸과 다리에 마디가 있는 동물입니다. 약 100만 종이 넘는 절지동물은 동물 중 종류가 가장 많은 무리예요. 세계 곳곳에서 발견될 만큼 서식지도 다양하지요. 곤충류, 거미류, 게와 가재 같은 갑각류, 지네와 같은 다지류(다리가 많은 동물 무리)가 절지동물에 속합니다.

우리알버섯벌레는 느림보인가요?

몸집이 콩알만 한, 아니 콩알보다도 작은 우리알버섯벌레는 낙엽이 쌓인 토양층에서 살아갑니다. 때문에 특수한 채집 방법을 사용하지 않으면 잡을 수가 없습니다. 바로 체를 사용하는 것인데요. 우리알버섯벌레를 잡으려면 체에다 흙과 낙엽을 함께 담고 털어낸 뒤 밑으로 떨어진 흙과 작은 낙엽 조각들 사이에서 녀석들을 두 눈으로 찾아내야 합니다.

돌 위를 기어가는 모습

몸을 공처럼 둥글게 만든 모습

우리알버섯벌레는 일반적인 곤충과 달리 행동이 매우 느립니다. 엉금엉금 기어가는 모습을 관찰하고 있노라면, 마치 조선 시대 선비가 뒷짐을 지고 느릿느릿 걷는 모습이 절로 떠오릅니다. 그러다가도 작은 낙엽으로 이 녀석의 몸을 살짝 건드리면 언제 느리게 걸었냐는 듯 행동이 재빨라집니다. 큰일이라도 일어난 양 후닥닥 공처럼 몸을 말아 버리지요. 동글동글하고 반짝반짝한 몸을 공처럼 말면 마치 작은 유리구슬을 보는 듯한 착각을 일으킵니다.

다시 느림보가 되는 우리알버섯벌레

몸을 공처럼 만 뒤 얼마쯤 시간이 흘러 주위의 위험 요소가 사라졌다고 생각되면, 우리알버섯벌레는 살며시 머리를 듭니다. 그러고는 **더듬이**를 이리저리 움직이며 느린 행보를 다시 시작하지요. 언제 그렇게 빠르게 몸을 말았냐며 시치미를 떼는 듯합니다.

옆에서 본 모습

더듬이

세상에는 우리알버섯벌레처럼 재미있는 행동 양식을 갖고 생활하는 생물이 많이 있습니다. 이런 재미있는 생물의 세계에 과학 꿈나무들이 관심을 가져보는 건 어떨까요?

더듬이

절지동물의 머리 부분에 있는 감각 기관입니다. 냄새 맡기, 촉감 느끼기, 먹이 찾기 등이 더듬이가 하는 일이지요. 때로 적을 막는 역할도 합니다. 생물에 따라 더듬이의 생김새는 다양해요. 예를 들어, 나비는 막대 모양, 잠자리는 회초리 모양, 흰개미는 염주 모양의 더듬이를 갖고 있어요.

신기한 곤충 이야기 4

기생파리를 예쁘게 봐 주세요

변혜우

누구나 파리라고 하면 병균을 옮기고 더럽다는 생각을 먼저 떠올릴 것입니다. 그런데 이런 생각은 편견에 지나지 않아요. 사실 사람에게 질병을 옮기거나 해를 끼치는 파리는 일부에 불과하답니다. 이러한 파리들도 생태계에서는 그들만의 특별한 역할이 있지요. 여러모로 생태계와 인간 생활에 도움을 주는 파리가 더 많습니다. 믿기 어렵겠지만 모기도 그렇습니다. 3,600여 종의 모기 가운데 질병을 매개하는 종은 150종이 채 되지 않습니다. 이제 소개하려는 기생파리도 해로운 점보다는 이로운 점이 더 큰 파리입니다.

기생파리의 입맛이 까다롭다고요?

기생파리는 이름처럼 다른 동물에 기생해 살아가는 파리입니다. 전 세계적으로 알려진 15만여 종의 파리 가운데 1만종 이상을 차지하는 파리이지요. 기생파리는 지구 상의 수많은 먹잇감 가운데 가장 신선한, 살아 있는 먹이를 먹고 살아갑니다. 기생파리의 '기생 방식'은 다른 생물의 몸속에서 영양분을 섭취하는 '내

다양한 형태의 기생파리

부 기생'입니다. 그런데 기생파리에게 기생을 당하는 숙주 생물은 결국 죽음을 맞게 됩니다. 잔인해 보이는 생활 방식이지요? 그렇지만 자연계에서 흔하게 나타나는 '먹고 먹히는' 생활 방식의 한 형태로 볼 수 있습니다.

기생파리는 어떤 방식으로 숙주에게 기생하나요?

기생파리는 종마다 다양한 방식으로 기생하지만, 기본적인 방식은 같습니다. 먼저 암컷 어른벌레는 먹이가 되는 생물, 곧 숙주의 몸에 알을 낳습니다. 알에서 깨어난 애벌레는 숙주의 몸속으로 들어가 영양분을 먹습니다. 그렇게 무럭무럭 자라다가 숙주를 죽이고 나와서 어른벌레가 됩니다. 숙주가 되는 생물은 대부분 곤충이지만 거미, 지네 등 무척추동물도 포함됩니다.

사람의 손에 난 땀을 먹는 기생파리

기생파리는 어떻게 숙주의 몸에 알을 낳을까요?

기생파리의 삶에서 가장 흥미로운 부분은 숙주를 찾고 알을 낳는 방식입니다. 가장 일반적인 방식은 숙주의 몸에 직접 알을 붙이는 방법이에요. 기생파리가 숙주로 삼는 곤충은 대부분 나비목의 애벌레입니다. 기생파리 암컷은 길게 늘어나는 **산란관**을 뻗어서 숙주의 몸에 알을 붙입니다. 알은 수 시간 내에 부화해 숙주의 몸을 뚫고 들어가 살아갑니다. 숙주가 즐겨 먹는 먹잇감 주변에 아주 작은 알을 뿌려 놓고, 숙주가 먹이를 먹

자나방 유충에 알을 낳으려는 기생파리

을 때 몸속으로 들어가는 방법을 이용하는 종도 있습니다. 자신의 애벌레를 이용하는 종도 있는데요. 이 기생파리는 나무나 잎줄기 속에 사는 숙주에게 직접 접근할 수 없을 때 그 근처에 알을 낳습니다. 그러면 알에서 깨어난 애벌레가 숙주를 찾아갑니다.

기생파리는 생태계에서 어떤 역할을 하나요?

기생파리가 숙주의 생명을 빼앗는 것은 생태계에서 중요한 의미가 있습니다. 특정한 생물의 수가 폭발적으로 늘어나는 것을 억제해 적절한 숫자를 유지시키는 역할을 하는 것입니다. 특정한 생물의 수가 너무 많으면 생태계는 혼란스러워집니다. 가령 토끼의 숫자가 너무 많아서 주변의 식물을 모두 먹어 치우면 식물이 없어지고 결국 땅은 황폐해집니다. 그 결과 토끼와 식물 모두에게, 즉 생태계

전체에 악영향을 끼칠 수 있습니다. 따라서 토끼의 숫자를 적절히 조절할 수 있는 호랑이 같은 포식자들이 있어야겠죠? 이러한 관점에서 본다면 파리를 무조건 해충이라고 손가락질할 수는 없을 거예요.

나방 애벌레의 몸에 붙은 기생파리의 알

지구의 생태계

생태계는 쉽게 말해 생물이 살아가는 세계입니다. 생물들은 생태계 안에서 서로 영향을 주고받으며 살아가요. 최근 문제가 되는 황소개구리처럼 무엇이든 닥치는 대로 먹어 치워 생태계를 혼란에 빠뜨리는 경우도 있지만, 도움도 많이 주고받지요. 그런데 생물은 왜 지구에만 살고 있을까요? 그 까닭은 지구가 생물이 살아가기에 알맞은 환경을 갖추고 있기 때문이에요. 생물이 살려면 햇빛, 공기, 물, 흙 등이 필요한데, 지구에는 이 요소들이 풍부합니다.

신기한 곤충 이야기 5

긴다리소똥구리를 기다리고 있습니다

김기경

『파브르 곤충기』를 읽은 어린이라면 **소똥구리**란 곤충이 무척 친숙할 거예요. 동물의 배설물로 동글동글 경단을 만드는 소똥구리를 기억할 것입니다. 소똥구리는 어른들에게도 어릴 적 추억을 떠올리게 하는 반가운 곤충입니다. 엄마 아빠가 어렸을 때는 그래도 소똥구리가 **소똥**으로 경단을 만드는 모습을 종종 볼 수 있었거든요. 그런데 요즘은 이런 모습을 만나 보기가 쉽지 않습니다. 소똥구리에게 무슨 일이라도 생긴 걸까요?

우리나라에 사는 소똥구리는 누구인가요?

우리나라의 소똥구리 종류는 독일의 곤충 분류학자인 콜베(Hermann Julius Kolbe, 1886)가 최초로 7종을 발표한 이후 지금까지 33종이 알려져 있습니다. 이들 중 동물의 배설물로 경단을 만들어 굴리는 종은 단 3종뿐입니다. 왕소똥

긴다리소똥구리

구리, 긴다리소똥구리, 그리고 멸종 위기종 2급인 '소똥구리'입니다. 그런데 이 소똥구리 삼총사들은 1970년대 이후 거의 자취를 감추었습니다. 이 중 긴다리소똥구리가 동물의 배설물로 경단을 만들어 굴리는 모습이 강원도 영월에서 20여 년 만에 확인이 되었습니다. 이렇게 국립생물자원관에서는 우리나라에 기록되어 있는 생물 종이 어느 곳에 사는지 확인하는 일을 하고 있습니다.

긴다리소똥구리는 누구인가요?

긴다리소똥구리는 말똥구리, 꼬마소똥구리 등의 이름으로 불리기도 합니다. 1970~80년대 시골의 집집마다 대부분 소를 1~2마리씩 키우면서 낮에는 애들이 소를 몰고 다니며 풀을 먹이던 시절에는 제주도를 포함한 한반도 전역에 살고 있었는데, 1990년에 강원도 철원과

긴다리소똥구리

소똥구리와 소똥

소똥구리는 소똥만 좋아하는 것은 아니에요. 말똥, 사람의 똥도 좋아하지요. 그런데 갈수록 소똥구리가 소똥을 굴리는 모습을 보기 어려워지고 있어요. 그 원인 중 한 가지는 현대식 소 사육법입니다. 옛날과 같이 소를 길가에 방목하는 일이 줄어들고 모두 현대식 사육을 하면서 소똥구리들이 소나 말의 똥을 이용할 수 없는 바람에 소똥구리 종류가 감소한 것입니다.

양구에서 확인된 것을 마지막으로 공식적인 확인 기록은 없습니다.

긴다리소똥구리의 어른벌레는 몸이 둥근 알 모양이며 광택이 없는 검은색입니다. 더듬이마디는 8마디이며 크기는 7~12밀리미터입니다. 뒷다리 발목마디가 매우 길어서 똥을 굴릴 때 소똥구리와는 반대로 물구나무서서 똥을 굴리는 것이 이 종의 두드러진 특징이지요.

소똥구리는 왜 똥으로 경단을 만들까요?

소똥은 소똥구리에게 맛있는 음식입니다. 또한 알을 낳는 알집이기도 합니다. 긴다리소똥구리의 경우 5월 무렵 소, 말, 멧돼지, 심지어 사람의 배설물로 약 12밀리미터 크기의 경단을 9개 정도 만듭니다. 이 경단을 굴속에 굴려 넣고는 경단 한 개에 하나의 알을 낳습니다. 알에서 태어난 애벌레는 이 경단을 먹고 자랍니다.

긴다리소똥구리의 표본 사진

긴다리소똥구리는 부부 사이가 좋다고요?

경단을 함께 굴리는 긴다리소똥구리 부부

한 가지 흥미로운 점은 긴다리소똥구리는 경단을 만들고, 알에서 깨어난 새끼들이 안전하게 지낼 장소를 찾아내 그곳으로 굴려서 옮기고, 땅에 굴을 파서 저장하는 일을 부부가 힘을 모아 함께한다는 것입니다. 곤충의 세계에서 대부분의 수컷은 번식을 위한 생식 활동만 합니다. 수컷의 역할이 한정적인데, 심지어 먹이 활동조차 못하는 수컷도 많습니다. 일반적인 부부의 경우에서 벗어난 긴다리소똥구리는 부부 사이가 꽤 좋은 모양입니다.

굴파기올빼미

올빼미 중의 하나인 굴파기올빼미는 이름처럼 땅에 굴을 파서 둥지를 만드는 새입니다. 이 새는 먹이를 잡는 미끼로 똥을 사용해요. 개, 고양이, 말 같은 동물의 똥을 구해서 둥지 안에 넣어 두면, 소똥구리처럼 똥을 먹고 사는 곤충이 둥지로 모여들게 되지요. 굴파기올빼미는 둥지에 똥이 있을 때 평소보다 열 배나 더 많은 곤충을 잡아먹을 수 있어요.

방과 후 생물학교 1

신비로운 생명, 염색체에서 시작해요

김수영

생물의 몸을 구성하는 세포는 핵과 세포질로 나뉩니다. 그리고 각 핵 속에는 작은 막대 모양의 물질이 있는데, 이를 **염색체**라고 합니다. 염색체는 모든 생물의 유전 형질(생물의 모양, 크기, 성질 따위의 고유한 특징)을 결정하는 역할을 하는 유전자를 간직하고 있습니다. 유전자는 어버이로부터 자손에게 고유의 유전 정보를 전달하지요. 즉 자식이 부모를 닮는 것은 부모의 염색체에 담긴 유전 정보를 물려받기 때문입니다.

염색체의 수가 많으면 고등한 생물일까요?

모든 생물은 종에 따라 고유한 수의 염색체를 갖고 있습니다. 사람은 46개, 침팬지는 48개, 개는 78개, 소는 60개입니다. 또한 우리의 식량인 벼의 염색체 수는 24개, 양파는 16개, 수박은 22개입니다. 그런데 염색체 수가 많다고 해서 고등한 생물은 아닙니다. 예를 들어 침팬지, 소, 개 등은 사람보다 염색체 수가 많지만 사람보다 고등하지는 않습니다. 그 밖에도 사람보다 염색체 수가 많은 생물들은 많습니다. 따라서 생물 종의 지능과 염색체 수는 무관함을 알 수 있습니다.

염색체 수가 같으면 동일한 생물인가요?

왕벚나무꽃

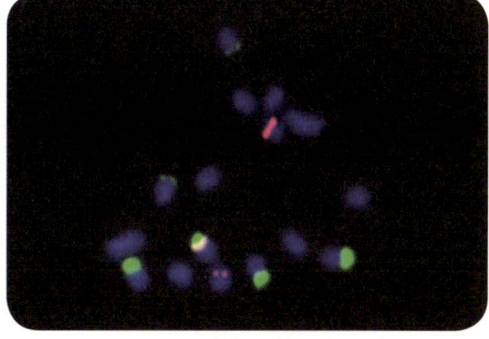
왕벚나무의 염색체

또한 염색체 수가 같다고 해서 동일한 생물은 아닙니다. 봄에 아름다운 꽃을 피우는 왕벚나무의 염색체 수는 16개입니다. 그런데 거의 모든 음식에 빠지지 않고 들어가는 양파도 염색체 수가 16개입니다. 귀여운 동물 코알라 역시 같은 수의 염색체를 갖고 있습니다. 염색체 수가 같아도 다른 생물이 되는 까닭은 염색

염색체라는 이름의 유래

염색체는 1882년 독일 세포학자 발터 플레밍에 의해 발견되었어요. 현미경으로 세포를 관찰할 때 알아보기 쉽도록 세포를 염색하면, 염색체가 색소를 흡수해서 진하게 색이 입혀지기 때문에 '염색체'라 이름 지었지요. 염색체를 영어로는 'chromosome(크로모솜)'이라고 해요. 그리스어에서 색을 의미하는 말 'chroma'와 몸을 의미하는 말 'soma'에서 유래되었어요.

체상에 있는 유전 정보가 생물마다 다르기 때문입니다.

성염색체는 무엇인가요?

암수의 성이 구분되는 생물은 기본적으로 상염색체와 성염색체, 이 2가지 종류의 염색체를 지니고 있습니다. 사람의 염색체 수는 46개입니다. 이 중 X 염색체와 Y 염색체, 2개의 염색체는 성염색체입니다. 나머지 44개는 상염색체입니다. 성염색체는 암수의 성을 결정하는 데 관여하는 염색체인데요. 여자의 경우 X 염색체 2개, 남자의 경우 X·Y 염색체를 1개씩 가지고 있습니다. 바꿔 말하면 남자는 44개의 상염색체와 성염색체인 X·Y 염색체를, 여자는 44개의 상염색체와 성염색체인 X 염색체 2개를 가지고 있는 것입니다. 남자와 여자의 '성'이 다른 것은 바로 성염색체의 구성이 다르기 때문입니다.

상염색체는 무엇인가요?

상염색체는 한마디로 성염색체를 제외한 염색체입니다. 성과 연관된 유전 형질을 제외한 모든 유전 형질을 조절합니다. 얼굴 모양, 피부 색깔, 머리카락 색깔 등은 모두 상염색체에 의해 조절됩니다. 그런데 왜 사람마다 얼굴 모양, 피부 색깔, 머리카락 색깔이 다를까요? 그것은 염색체에 담겨 있는

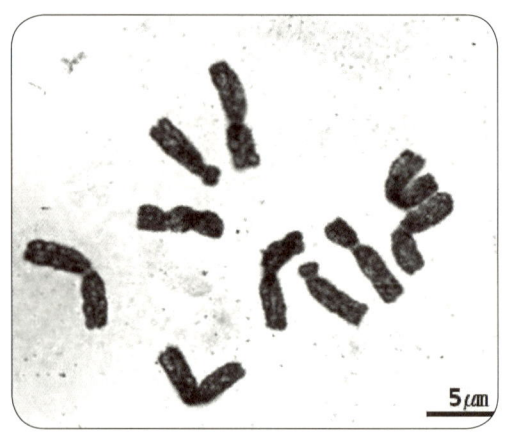

멸종 위기 식물인 산작약의 염색체

유전자의 유전 정보가 다르기 때문입니다.

앞서 염색체의 유전 정보는 어버이로부터 자손에게 전달, 곧 유전된다는 사실을 밝혔습니다. 살아남기 위해 자손을 남겨야만 하는 생물은 염색체를 통해 고유의 유전 정보를 전달하여 종족을 유지시킵니다. 이런 면에서 볼 때 염색체는 생명의 출발점이라 말할 수 있습니다.

염색체 이상

염색체가 포함하고 있는 유전 정보는 매우 다양하고 종류가 많아서 생물의 건강과 질병 상태에 많은 영향을 미쳐요. 또한 정상적이지 않은 염색체 수를 갖거나 염색체 구조에 이상이 생길 경우에 다양한 장애를 유발할 수 있지요. 염색체 수의 이상으로 생기는 대표적 장애로 '다운증후군'을 꼽을 수 있습니다. 다운증후군 환자는 보통 사람보다 21번 염색체가 1개 더 많지요. 염색체 구조의 이상이란 염색체 일부가 사라지거나, 한 염색체의 일부가 다른 염색체로 옮겨지는 등 여러 가지 기이한 현상을 말해요. 대표적인 장애인 울프-허쉬호른 증후군은 4번 염색체의 일부가 사라져서 생기는 거예요.

방과 후 생물학교 2

최고의 유전자를 지켜라

곽명해

다윈의 진화론이 담긴 책 『종의 기원』의 첫 장은 '작물과 가축에서의 변이'라는 제목으로 시작합니다. 다윈은 당시 영국에서 유행하던 애완용 비둘기의 형태가 비정상적일 만큼 다양하다며 "사람의 인위적인 선택에 의해 비둘기의 형태가 짧은 시간 안에 다양하게 변형됐다."고 주장했습니다. 생물에게 있어 형태의 변화는 진화의 일종입니다. 이런 현상이 자연에서는 오랜 시간에 걸쳐 천천히 이루어집니다. 사람의 손길에 의해 빠른 시간에 이루어졌다면 뭔가 비정상적인 일임이 틀림없습니다.

야생 생물의 유전자가 우수하다

야생 생물은 우수한 유전자를 갖고 있습니다. 생물 종이 나타난 이래로 자연에 그대로 노출돼 있었기 때문이지요. 다양한 환경 변화와 다른 생물과의 경쟁을 견뎌 내면서 자연스럽게 유전자가 우수해지고, 나아가 후손에게 전달되었습니다. 한마디로 환경에 맞게 진화한 것이지요.

돌콩 ⓒ김진석

콩의 조상으로 알려진 덩굴성 식물 '돌콩'이 좋은 예입니다. 덩굴성 식물인 돌콩은 주변의 사물을 타고 올라갈 수 있어서 성장에 필요한 햇빛을 많이 받을 수 있습니다. 콩꼬투리가 땅에 닿아 상하는 것도 피할 수 있고요. 반면, 재배 콩은 스스로 이러한 노력을 기울일 필요가 없었습니다. 사람이 대신해서 햇빛을 가리는 요소를 제거했기 때문이지요. 덕분에 재배 콩은 자연 속 생존을 통해 얻어낸 우수한 유전자를 잃어버리고 말았습니다.

우수한 유전자를 잃어버린 야생 생물

콩과(科) 식물은 종자(생물 번식에 필요한 씨앗)가 성숙하면 종피(종자의 껍질)가 터집니다. 이때 콩꼬투리의 탄성에 의해 종자가 멀리 날아가 넓은 서식지를 확보하며 후손끼리 자리싸움을 하지 않도록 예방하지요.

꼬투리가 터진 강낭콩

하지만 종자가 날아간 재배콩은 콩꼬투리에 묻는 병균을 이겨 낼 힘이 부족해서 살아남기 어렵습니다. 사람의 손에 길러지면서 사람이 개발한 농약과 항생제의 영향을 받아 자신을 보호할 수 있는 유전자를 잃어버렸기 때문입니다. 또한 빛에 대한 경쟁, 물에 대한 경쟁 등 다른 식물과의 경쟁에 필요한 유전자를 잃어버려 살아남기 어렵습니다. 결국 사람의 도움을 받은 재배콩만이 살아남아 다음 해에 자손을 남길 수 있습니다.

야생 생물은 질병은 물론 천적에 그대로 노출됩니다. 그래서 병에 대한 저항성과 천적을 물리치는 다양한 방법을 개발하고, 유전자를 통해 이를 후손에게 물려주지요. 하지만 사람의 손에 길러지는 작물이나 가축은 상대적으로 이러한 능력이 떨어질 수밖에 없습니다.

사람의 손이 만들어 낸 후유증

사람이 길러낸 작물의 열매는 야생에서 자란 것보다 훨씬 맛있습니다. 대신 사람의 도움 없이는 주체하기 어려울 정도로 열매가 커져 버렸지요. 어린이들이 좋아하는 개, 닥스훈트는 인간이 원하는 모양대로 개량된 개입니다. 허리가 길어져서 눈길을 끌기는 했지만, 이 때문에 각종 허리 질병에 시달리게 되었습니다.

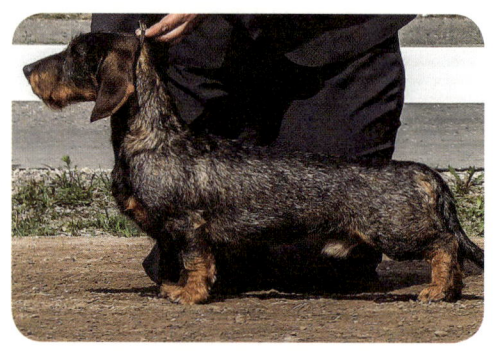
닥스훈트 ©Janne Seppanen

이와 같은 '**인위 선택**'은 엄청난 결과를 초래했습니다. 다양한 환경 변화와 다른 생물과의 경쟁에 강한 유전자들이 생물에게서 사라지게 만든 것입니다. 2005년 미국 중부 지역에서 대량 재배하던 콩이 녹병으로 초토화되는 일이 일어났습니다. 녹병은 식물의 잎이나 줄기에 녹균이 기생해서 생기는 병을 말합니다. 녹병이 번진 것은 오랫동안 품종을 개량하여 대량 재배한 결과입니다. 콩이 녹병에 저항성이 높은 유전자를 잃어버리게 된 것이지요.

생물 고유의 유전자를 살려라

'생물 다양성'이란 단순히 여러 가지 생물이 존재하는 '종의 다양성'만을 뜻하는 개념은 아닙니다. 같은 종 내의 '유전자 다양성'도 포함하는 개념입니다. 유전자 다양성은 자연환경의 변화에 대처하는 생물 종의 적응력에 매우 중요한 역할을 합니다. 생물의 유전자

경주마로 품종을 개량한 말, 쿼터호스 ©Pitke

는 거친 환경에서 버틸 수 있는 강인함을 스스로 만들어 내는 힘이 있습니다. 환경의 변화에 따라 '다양하게' 변화할 수 있습니다. 그런데 사람의 손에 길러지면서 이 유전자들이 힘을 잃고 있습니다. 유전자 다양성이 빛을 잃고 있습니다. 앞으로 우리가 해결해야 할 숙제는 생물 고유의 유전자를 살리는 일입니다.

인위 선택과 자연 선택

사람이 원하는 형질을 갖도록 생물의 품종을 개량하는 것을 인위 선택이라고 해요. 자연 선택은 다윈이 진화론을 설명하기 위해 끌어들인 개념입니다. 이 개념에 따르면, 자연에서 살아가는 생물은 환경에 맞게 스스로 변화하는데, 이처럼 적응하는 생물은 살아남고 적응하지 못한 생물은 저절로 사라지게 됩니다.

방과 후 생물학교 3

알쏭달쏭 재미있는 식물의 학명

이상준

내 이름은 장미!
내 학명이 뭔 줄 아니?

 여러분의 이름에는 어떤 뜻이 담겨 있나요? 아마도 아무 의미 없이 지은 이름은 없을 것입니다. 식물의 이름에도 저마다 독특한 의미가 있습니다. 봄이면 잎보다 먼저 분홍색 꽃을 피우는 진달래는 꽃을 먹을 수 있고 약에도 쓸 수 있어서 '참꽃' 또는 '참꽃나무'라고도 불립니다. 게다가 '두견화'라는 이름도 갖고 있는데요. 밤새 울어 대던 두견새가 피를 토해 꽃을 붉게 물들였다는 전설 때문에 그런 이름이 붙었나 봅니다. 재미있는 식물의 이름에 대해 더 알아볼까요?

학명이란 무엇인가요?

 진달래처럼 하나의 식물이 여러 이름으로 불리면 때로 혼동을 일으킬 수 있습니다. 때문에 전 세계 과학자들은 국제적으로 통일된 식물명이 필요하다는 점을 느끼고, 식물에게 이름을 부여했습니다. 그 이름을 '학명(學名, scientific name)'

진달래

이라고 합니다. 전 세계가 공통으로 쓰는 학명을 붙이는 일은 매우 엄격하고, 많은 제약을 통과해야 합니다. 예를 들어, 새로운 식물을 발견했을 때 이 식물에게 학명을 붙이려면 우선 학술지나 책 등에 식물에 대해 발표해야 합니다. 식물의 형태를 설명하는 글을 라틴어나 영어로 적어야 하며, 동시에 그 식물의 기준이 되는 표본에 대한 정보와 표본을 간직하고 있는 기관 등을 표시해야 합니다.

학명은 어떻게 구성되어 있나요?

이러한 과정을 거쳐 만들어진 진달래의 학명은 '*Rhododendron mucronulatum* (로도덴드론 뮤크로눌라튬)'이에요. 좀 어렵고 복잡한 느낌이 들지요? 식물 종의 학명은 일정한 규칙에 따라 만듭니다. 라틴어를 사용하여 앞에는 속명(屬名)을, 그 다음에는 종소명(種小名)을 붙이는 '이명법'을 따라야 합니다. 속명은 생물 분류의 한 단위인 '속'을 결정지어 주는 이름입니다. 종소명은 속의 아래 단계이자 생물 분류의 기본 단위인 '종'을 설명해 주는 이름이고요. 이명법이란 쉽게 말해 속명과 종소명, 이들 두 개의 이름을 묶어 하나의 이름으로 만드는 방법입니다.

다시 진달래의 학명을 살펴볼까요? 앞 단어 '*Rhododendron*'은 진달래의 속명입니다. 장미 또는 장미색이라는 뜻의 그리스어 로돈(Rhodon)과 나무라는 뜻의 그리스어 덴드론(Dendron)을 합성해 라틴어화한 것입니다. 뒤의 단어 '*mucronulatum*'은 진달래의 종소명으로, '잎의 끝이 다소 뾰족하다'는 뜻의 라틴어예요. 결국 진달래의 학명은 '잎의 끝이 다소 뾰족한 장미색 꽃이 피는 나무'라고 해석할 수 있습니다.

장미

종소명은 마음대로 정할 수 있다고요?

개나리

새로운 식물에 학명을 부여할 때 꼭 정해진 단어를 사용하도록 강제되어 있지는 않습니다. 특히 종소명이 그렇습니다. 우리나라 이름인 'Korea'를 사용해도 되고, 내가 사랑하는 사람의 이름으로 지어도 됩니다. 다만, 학명에 대한 국제적인 규칙에서는 식물의 형태나 원산지 등 특징을 나타내는 단어 또는 잘 알려진 생물학자의 이름으로 짓도록 권고할 뿐입니다. 한 예로, 봄이면 우리 강산을 노랗게 물들이는 개나리는 전 세계에서 우리나라에서만 자생하는 고유식물로, 그 학명은 'Forsythia koreana(포르시티아 코레아나)'입니다. 속명 'Forsythia'는 영국의 원예학자 윌리엄 포시스(William A. Forsyth)를 기념하며 붙인 것입니다. 종소명 'koreana'는 개나리의 자생지, 한국을 뜻합니다. 결국 개나리의 학명은 '한국 개나리'라는 의미가 있습니다.

우리나라 학자의 이름이 들어간 학명

제주고사리삼

식물 연구에 기여한 우리나라 학자들의 이름도 학명에서 심심찮게 찾아볼 수 있습니다. 제주고사리삼의 학명은 'Mankyua chejuense(만규아 제주엔세)'입니다. 이 학명은 우리나라 **양치식물** 연구와 식물 분류에 큰 기여를 한 박만규 선생의 이름을 딴 것입니다. 게우옥잠난초의 학명 'Laparis yongnoana(라파리스 영노아나)'도 새로운 식물을 밝혀 우리나라 식물분류학 발전에 공을 세운 이영노 선생을 기려 정해진 것입니다. 훌륭한 두 학자는 지금은 고인이 되었습니다.

새로운 식물을 발견해서 학명을 한 번 발표하고 나면 아주 특별한 경우를 제외하고는 그 식물의 학명을 바꿀 수 없습니다. 그래서 학자들은 학명을 짓는 데 더욱 신경을 기울입니다. 우리나라 생물학자들은 우리나라와 관련 있는 단어로 생물의 학명을 짓고, 이를 사용하면서 우리나라를 세계에 알리고 있습니다.

칼 폰 린네

칼 폰 린네(1707~1778)는 스웨덴의 식물학자로, 이명법을 써서 만드는 학명에 기초를 마련한 인물입니다. 그가 집필한 『자연의 체계』 제10판(1758)은 생물 분류학과 이명법 확립에 크게 이바지한 저서로 인정받고 있어요. 린네는 북유럽에서 가장 오래된, 스웨덴의 웁살라대학교에서 교수직을 맡기도 했는데, 훌륭한 강의로 명성이 자자했습니다. 1774년 강의를 하던 중 뇌일혈로 쓰러진 린네는 4년 뒤에 세상을 떴어요.

방과 후 생물학교 4

국가가 정한 식물의 이름, 국명

김진석

내 이름을 맞혀 봐~

식물의 이름은 향명·국명·학명 3가지로 나뉩니다. 향명은 특정 지역에서 쓰이는 이름으로 지방명이라고도 합니다. 따라서 향명은 국명과 다른 경우도 있습니다. 국명은 한 국가에서 대표적으로 사용하는 용어로서 국어의 표준어에 해당합니다. 마지막으로 학명은 세계적으로 통용되는 학술적인 이름을 말합니다. 그럼 식물의 국명을 짓는 법에 대해 자세히 알아볼까요?

식물의 국명은 어떻게 짓나요?

국명의 경우 크게 8가지 유형으로 이름을 짓습니다. 가장 많은 것은 형태와 관련된 이름입니다. 다음으로는 식물이 자라는 지역, 전설이나 풍습, 향기, 맛, 용도, 개화 시기, 외국명이나 방언에서 유래한 이름 순입니다. 이 중 형태와 관련된 국명은 주로 닮은 사람·동물·사물 등의 모습을 드러내는가의 여부, 크기·무늬·

매발톱

털·가시 같은 형태적 특징을 반영해 짓습니다. 한 가지 예로 '매발톱'을 들 수 있는데요. 매발톱은 꽃이 매의 발톱을 닮아서 그런 이름을 얻은 것입니다. 이와 같이 식물명에 식물의 형태와 생태적 특징이 잘 반영돼 있으면 아무리 식물을 처음 본 사람이라도 쉽게 그것을 기억할 수 있습니다.

동물 형태와 관련된 국명을 얻은 식물들

우리나라에서 자생하는 식물 가운데 동물 형태와 관련된 국명을 얻은 식물을 몇 가지 소개합니다. 앞서 소개한 매발톱은 강원도의 깊은 산 계곡과 양지바른 풀밭에서 자라는 여러해살이풀입니다. 중국, 일본, 러시아 동북부 등지에서도 자라지요. '박쥐나무'는 잎이 박쥐와 비슷하게 생긴 식물입니다. 전국의 숲에서 자라는 박쥐나무는 키가 3~4미터 정도이며, 6~8월에 황록색 꽃을 피웁니다. '해오라비난초'는 꽃이 왜가릿과의 새인 해오라기를 닮은 난초과 식물입니다. 7~8월에 하얀 꽃을 피우는 이 식물은 해오라기난초라고도 부릅니다. 전체 모습이 날개를 편 두루미의 모습과 닮은 '두루미천남성'은 산에서 자라는 여러해살이풀입니다. 우리나라의 제주도, 경기도, 평안북도 외에 일본, 대만, 만주 등지에도 살고 있습니다.

박쥐나무   해오라비난초   두루미천남성

사물 형태와 관련된 국명을 얻은 식물들

다음은 사물 형태와 관련된 국명을 얻은 식물들입니다. 먼저 '종덩굴'은 꽃이 종 모양을 닮은 덩굴식물입니다. 덩굴식물이란 줄기가 길쭉하여 곧게 서지 않고 다른 물건을 감거나 거기에 붙어서 자라는 식물입니다. 고구마, 완두, 오이, 나팔꽃, 담쟁이덩굴 따

종덩굴 　　　　　족도리풀

풍선난초 　　　　　닻꽃

위가 있습니다. 족두리는 옛날에 부녀자가 예복에 갖추어 쓰던 관인데요. 이 족두리를 닮은 풀이 '족도리풀'입니다. 족도리풀은 뿌리를 진통제, 이뇨제(오줌을 잘 나오게 하는 약제) 등으로 쓰는 여러해살이풀입니다. '풍선난초'는 두둥실 풍선을 닮은 난초과 식물입니다. **침엽수림**의 이끼가 많은 땅에서 자라는 여러해살이풀이지요. '닻꽃'은 배를 정박시킬 때 쓰는 닻과 모양이 비슷한 식물입니다. 지리산 및 중부 이북의 산지와 한라산에서 사는 한해살이 또는 두해살이 풀입니다.

사물 또는 동물의 형태를 닮은 이끼류

먼저 '구슬이끼'입니다. **삭**이 구슬과 비슷하게 생긴 구슬이끼는 잎은 좁은 버들

잎 모양이며, 우리나라 곳곳의 산속에서 자랍니다. '새우이끼'는 몸 전체가 새우를 닮았습니다. 산속 바위에 붙어 자라며, 길이는 2~5센티미터 정도입니다. 우리나라에서 사는 이끼 중에서 가장 큰 편에 속하는 '너구리꼬리이끼'는 줄기와 잎의 생김새가 너구리의

구슬이끼 새우이끼

너구리꼬리이끼 풍경이끼

꼬리와 비슷합니다. 너구리꼬리이끼는 제주도의 습기 많은 계곡 가장자리에서 주로 삽니다. 논둑과 밭둑, 공원 잔디밭 등에서 비교적 쉽게 볼 수 있는 '풍경이끼'는 삭이 처마 밑에 매다는 풍경을 닮았습니다.

침엽수림

침엽수는 바늘잎나무라고도 불러요. 잎이 바늘처럼 뾰족해서지요. 예외적으로 나한송처럼 잎이 넓은 나무도 있지만 대개는 뾰족합니다. 침엽수는 온대 북부를 중심으로 전 세계에 약 500종이 살고 있어요. 우리나라에는 소나무, 잣나무, 향나무 따위가 있지요. 침엽수 중에는 건축재나 토목재로 쓸 만한 나무가 많아요. 이러한 침엽수가 모여 사는 숲을 침엽수림이라고 합니다.

방과 후 생물학교 5

진드기로부터 살아남기

임재원

　진드기는 몸길이 0.2~10밀리미터의 작은 벌레입니다. 응애라 부르기도 하는데요. 우리나라 진드기 연구 초기에 사람에게 질병을 전달하는 것은 '진드기', 식물 해충으로 작용하는 것은 '응애'라고 부르기로 했기 때문입니다. 사람이나 가축의 피를 빨아 먹는 흡혈 진드기류 중에는 몸길이가 2~10밀리미터인 것도 있지만, 대개는 0.5밀리미터 이하로, 눈에 잘 보이지도 않을 만큼 작습니다. 그런데 진드기를 곤충이라 생각하기 쉬운데요. 실은 거미처럼 다리가 4쌍인 절지동물(유충일 때는 다리가 3쌍, 성충일 때는 4쌍이다)입니다. 진드기류는 사람에게 나쁜 질병을 일으키기도 하는데요. 지금부터 어떤 진드기를 조심해야 할지 함께 살펴볼까요?

질병을 일으키는 진드기들

　먼저 과일이나 채소에 기생하며 해를 입히는 진드기인 점박이응애입니다. 점박이응애는 식물의 세포 조직을 빨아 먹어 식물의 건강을 해치는 해충입니다. 또한 주로 농사일을 하는 농부들을 질병에 걸리게 해 괴롭히는 종입니다. 점박이응

큰다리먼지진드기

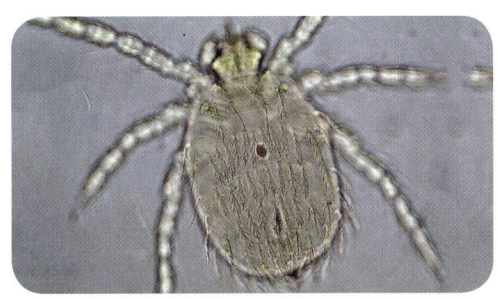
대잎털진드기

애의 배설물이나 사체가 호흡기를 통해 우리 몸속에 들어가면 비염, 천식, 아토피 등이 생깁니다.

다음은 먼지진드기입니다. 먼지진드기는 집 안에서 침구류, 양탄자, 천으로 만든 소파 등에 서식하며 사람의 피부에서 떨어져 나온 각질 등을 먹고 삽니다. 먼지진드기의 사체와 배설물이 사람의 호흡기를 통해 몸에 들어가면 알레르기를 일으키지요. 알레르기를 일으키는 먼지진드기 가운데 큰다리먼지진드기와 세로무늬먼지진드기가 95퍼센트를 차지합니다.

털진드기는 가을철 유행병인 쯔쯔가무시병을 일으키는 종입니다. 쯔쯔가무시병은 애벌레가 사람의 피부를 물어 쯔쯔가무시균을 옮김으로써 나타납니다. 고열과 혈관염이 생기는 병이지요. 우리나라의 털진드기류는 41종으로, 그중 쯔쯔가무시병을 잘 일으키는 종은 활순털진드기와 대잎털진드기입니다.

살인 진드기는 누구인가요?

작은소참진드기는 사람의 피를 빨아 먹는 흡혈 진드기류로, 일명 '살인 진드기'로도 불립니다. 만약 '중증열성혈소판감소증후군 바이러스'에 감염된 작은소참진드기에 물렸을 경우엔 사람도 중증열성혈소판감소증후군에 걸립니다. 중증열성혈소판감소증후군 바이러스는 **치사율**이 15~30퍼센트에 이릅니다. 2013년에 우리나라에서는 36명이 작은소참진드기가 퍼뜨린 바이러스에 감염되었는데, 이 중 17명이 목숨을 잃었습니다. 사망자는 모두 면역력이 약한 60대 이상의 노인이었습니다. 그러나 크게 걱정할 필요는 없습니다. 이 바이러스에 감염된 작은소참진드기는 100마리 중 1마리 정도니까요. 또한 바이러스에 감염되지 않은 녀석이라면 물려도 괜찮습니다.

지구 온난화 때문에 진드기의 수가 늘었다고요?

진드기는 따뜻한 곳을 좋아합니다. 그래서 최근 지구 온난화가 심해지면서 진드기의 수가 폭발적으로 늘었다고 합니다. 서식 영역도 훨씬 넓어졌고요. 작은소참진드기의 피해가 커진 원인도 지구 온난화로 인해 서식 영역과 개체 수가 늘어난 것으로 분석되었습니다. 한편 농촌의 인구가 줄고 폐가 등이 늘어나면서 야생 동물의 활동 범위가 넓어진 것도 원인으로 꼽힙니다.

지구의 평균 기온이 1도 올라가면, 농작물 **재배 한계선**은 81킬로미터나 북쪽으로 올라갑니다. 즉, 한라봉과 참다래는 본래 제주도에서만 재배가 가능했는데, 이제는 훨씬 북쪽인 전라북도 김제와 경남 일대에서도 재배가 가능해졌다는 이야기입니다. '대구 사과'나 '청도 복숭아' 같은 지역 특산물 개념도 점차 희미해지고 있습니다. 주로 경상도에서 나던 사과와 복숭아는 이제 강원도 영월 지역에서도 볼 수 있습니다. 농작물 재배 한계선이 늘어나는 것은 곧 농작물에 기생하는 진드기류도 함께 늘어난다는 것을 의미합니다. 실제로 귤에 사는 귤응애, 사과에 사는 사과응애에 의한 피해 지역이 더욱 넓어졌습니다.

진드기가 퍼뜨리는 질병은 어떻게 예방하나요?

과수 농장에서는 진드기 방제를 꼭 해야 합니다. 단, 농약을 이용한 화학적 방제는 천적도 줄어들게 할 수 있으므로 포식성 진드기류에 의한 생물학적 방제가 유용합니다. 포식성 진드기류는 해충으로 작용하는 점박이응애, 사과응애 등의 진드기만을 잡아먹기에 천적에게는 피해를 주지 않습니다. 우리나라에서 주로 이용하는 포식성 진드기류로는 '칠레이리응애'가 대표적입니다.

세로무늬먼지진드기

또한 농사일을 할 때는 마스크를 착용해야 합니다. 집에서는 고온다습한 환경이 먼지진드기의 발생률을 증가시키므로 청소를 깨끗이 하고, 환기를 자주해야 합니다. 또한 가을철 산과 들에 갈 경우에는 털진드기나 참진드기로부터 피부를 보호할 수 있는 긴팔 상의와 긴 바지를 입도록 합니다.

진드기류 발생 밀도

진드기류는 보통 3월 하순 무렵부터 발생하기 시작합니다. 5~6월에 점점 많아지다가 여름 장마철에 일시적으로 줄어들지요. 진드기류의 수가 가장 많아지고 또 왕성하게 활동하는 시기는 10~11월 사이에요. 이 시기에는 산과 들로의 야외 활동 시 특히 주의해야 합니다.

방과 후 생물학교 6

우리 생물을 사랑해 주세요

송영은

국립생물자원관에서는 파리박사, 메뚜기박사, 개미박사, 지렁이박사, 거미박사, 버섯박사, 고사리박사, 이끼박사, 나무박사, 물고기박사, 새박사 등 정말 다양한 박사님들이 함께 모여서 일하고 있어요. 이분들은 어떻게 박사님이 되었을까요? 몇 분에게 물어보았더니, 어릴 적부터 생물이 너무너무 좋아서 오래오래 생물박사의 꿈을 키워 왔던 분도 있었고, 다른 직업을 생각하다가 생물 연구로 방향을 바꾼 분도 있었대요. 어쨌든 한결같은 공통점은 모두 생물을 좋아한다는 것입니다. 여러분은 생물을 좋아하나요?

생물이 정말정말 예쁘다고요?

국립생물자원관의 박사님들은 모두 한목소리로 이렇게 말합니다.
"내가 연구하는 생물들이 정말정말 예뻐요!"
우리가 보기에 징그럽기만 한 거미나 지렁이도 자세히 들여다보고 관찰하다 보면, 그렇게 아름다울 수가 없다고 하네요. 이분들은 모두 자신이 연구하는 생물들을 깊이깊이 사랑하는 것 같아요. 아마도 이런 마음이 꿈을 이룰 수 있는 열쇠가 아닐까요? 꿈을 이루려면 내가 하려는 일을 사랑하는 마음이 꼭 필요하다고 생각합니다.

털보깡충거미. 국립생물자원관에서 발굴한 미기록종

수많은 생물들이 사람을 도와준다고요?

지구에는 다양한 생물들이 사람과 더불어 살아가고 있습니다. 사람보다 더 오랫동안 지구에서 살아온 생물들도 꽤 있고요. 우리보다 훨씬 큰 덩치를 가진 동물부터 현미경으로만 볼 수 있는 작은 세균까지 종류도 많을 뿐 아니라 그 수도 어마어마합니다. 이 많은 생물들이 각자의 자리에서 사람에게 도움을 주고 있다는 걸 우리는 모르고 있습니다. 생물들은 우리가 숨 쉬는 데 필요한 산소를 만들어 내고, 분해 작용을 해서 지구가 쓰레기로 덮이지 않도록 도와줍니다. 또한 우리 몸에서 만들어 내지 못하는 비타민 같은 영양소를 만들어 내기도 하지요. 모기나 파리처럼 근처에 오는 것조차 싫은 벌레들도 생태계 안에서 다 각자의 역할

생물학교

모기는 왜 피를 먹을까?

모기가 피를 먹는 까닭은 배고픔보다는 알을 낳기 위한 양분을 얻기 위해서예요. 모기의 알이 잘 자라려면 동물성 단백질과 철분이 필요해요. 이 영양분이 피에 들어 있기 때문에 모기는 우리에게 달려드는 것입니다. 결국 사람의 피를 먹는 것은 산란기에 접어든 암컷 모기뿐이지요. 수컷은 꽃의 꿀이나 나무 수액, 이슬 등을 먹고 삽니다.

이 있답니다. 모기나 파리는 새가 좋아하는 먹이인데, 이 녀석들이 없다면 새도 먹이가 줄어들어 피해를 볼 거예요. 그 피해는 고스란히 사람에게 돌아오고요.

아직 밝혀지지 않은 생물도 있나요?

우리나라에만 약 10만 종이나 되는 많은 생물들이 살고 있다고 합니다. 그런데 우리가 밝혀낸 생물은 채 절반도 안 된다고 합니다. 어떤 생물이 있는지조차 아직 다 모르니, 그 생물들이 생태계 안에서 무슨 역할을 하는지, 우리에게 어떤 도움이 되는지도 물론 모르고 있습니다.

멸종 위기종인 수달 ©Factumquintus

생물에 대해 미처 다 알아내지도 못하고 있는데, 지금 생물들은 아주 빠른 속도로 멸종되거나 멸종될 위기에 놓여 있어요. 멸종되는 생물이 많아질수록 사람도 살기가 힘들어집니다. 멸종 위기에 놓인 많은 생물들에게 관심을 갖고, 멸종되지 않도록 노력해야 하는 이유도 이 때문이에요.

흙에서 놀아요

여러분, 부모님이나 선생님으로부터 열심히 공부해야 한다는 이야기 많이 듣고 있죠? 여러분에게 흙이 있는 곳에 가서 노는 것도 빼먹지 말라고 얘기해 주고 싶어요. 흙 속에 있는 어떤 박테리아는 우리가 숨 쉴 때 우리 몸속으로 들어

와서 인지능력 발달을 도와주기도 합니다. 즉 머리가 좋아지도록 도와주는 거예요. 일주일에 한 번씩이라도 흙이 있는 곳에 가서 산책이나 운동을 하도록 하세요. 가족들과 함께하면 더 좋겠죠?

우리 눈에 보이든 보이지 않든 많은 생물들이 우리 가까이에서 혹은 멀리에서 우리를 위해 아주 많은 노력을 하고 있습니다. 이 사실을 잊지 말고, 친구들에게도 꼭 전해 주세요.

식물을 관찰하는 아이들

멸종 위기종의 발견

2014년 10월, 강원 인제의 심적 습지, 전남 해남의 고천 암호, 전남 곡성의 백련제 습지에서 우리나라의 멸종 위기종 동물 7종이 발견되었어요. 이 세 습지들은 모두 보존 상태가 양호한 습지들이에요. 먼저 강원도의 심적 습지에는 멸종 위기 야생 동물 1급인 산양, 2급인 하늘다람쥐와 삵 등이 살고 있었어요. 고천 암호에서는 멸종 위기 야생 동물 1급인 수달, 2급인 삵과 큰고니, 독수리가 확인되었지요. 백련제 습지에서는 멸종 위기에 처한 것으로 알려진 족제비가 발견되었어요.

용어 설명

고목 주로 키가 큰 나무로, 여러 해 자라 더 크지 않을 정도로 오래된 나무.

관다발 조직 식물이 양분과 물의 이동 통로로 사용하는 조직. 뿌리, 줄기, 잎맥에 걸쳐 연결되어 있으며, 양분의 통로인 체관과 물의 통로인 물관으로 이루어져 있다.

교미 생식을 하기 위하여 동물의 암컷과 수컷이 성적(性的)인 관계를 맺는 일.

남방계 남쪽 지방 계열.

냉해 주로 농작물의 성장 기간 중 작물이 자라는 것에 방해가 될 만큼 낮은 온도가 오래 지속되어 농작물의 성장과 수확에 나쁜 영향을 미치는 재해. 냉해를 받는 정도는 작물의 종류와 성장 정도에 따라서도 다르다.

다년생 식물 만 1년보다 긴 기간 동안 살아가는 식물. 여러해살이 식물이라고도 한다.

다세포 한 생물체 안에 여러 개의 세포가 있는 것.

면역력 외부에서 들어온 병원균에 저항하는 힘.

무척추동물 척추동물 이외의 모든 동물. 척추(등뼈)를 갖고 있지 않으며, 진화가 늦고 원시적이다.

묵나물 뜯어서 말려 두었다가 이듬해 봄에 먹는 산나물.

바이오에너지 생물자원을 소재로 하여 얻을 수 있는 에너지. 주로 광합성 생물인 식물, 해조류, 미세조류 등이 원료로 활용된다.

바이오플라스틱 미생물의 몸속에 있는 폴리에스터라는 물질을 이용해 만든 플라스틱. 일반적인 플라스틱은 자연에서 쉽게 분해되지 않지만, 바이오플라스틱은 흙 속 세균에 의해 쉽게 분해된다. 그래서 환경 오염에 대한 걱정이 없다. 또한 생물의 몸에 잘 융합하는 특징이 있어서 수술용 실이나 부러진 뼈를 붙이는 골절 고정제 등에도 사용된다.

방선균 흙 속이나 마른풀 따위에 기생하는 미생물. 세균과 곰팡이의 중간 성질을 띤다.

방제 농작물을 병충해로부터 예방하거나 구제하는 일.

병충해 농작물이 병과 해충으로 인하여 입은 피해.

북방계 북쪽 지방 계열.

분뇨 대변과 소변 등의 배설물. 각종 전염병균과 기생충의 알이 있어 그 처리가 중요하다. 수분, 탄수화물, 지방, 단백질 등의 성분으로 이루어져 있다.

분화 생물의 세포, 조직 등이 각자에게 주어진 일을 수행하기 위하여 형태나 기능이 변해 가는 것.

삭 이끼의 홀씨주머니. 수정(受精)의 결과로 생기는데,

긴 꼭지가 있으며 속에 많은 홀씨가 들어 있다.
산란관 곤충류 따위의 배 끝에 발달한, 알을 낳는 기관. 관 모양으로 되어 있으며, 벌, 모기, 메뚜기 따위에 있다.
숙주식물 기생 생물에게 영양을 공급하는 생물을 숙주라고 한다. 숙주는 기생 생물로부터 피해를 입게 되며, 일반적으로 기생 생물에 비해 몸이 크다. 식물의 경우 숙주 역할을 하는 식물을 숙주식물이라 한다.

아열대 열대와 온대의 중간 지대로, 위도 20~40도에 해당하는 지역이다. 기온은 높으나 비가 적은 곳이 많다.
암반 기초가 되는 지반이 암석(바위)으로 되어 있는 지반. 한 바위가 다른 바위 속으로 갑자기 침투한 뒤 불규칙하게 굳어져서 생겨난다.
양치식물 물관과 체관이 있으며, 꽃이 피지 않고 포자(홀씨)로 번식하는 식물 무리.
열대 적도를 중심으로 남북 회귀선 사이에 있는 지대. 연평균 기온은 섭씨 20도 이상, 최한월(1년 중에서 월평균 기온이 가장 낮은 달)의 평균 기온은 섭씨 18도 이상인 지역이다. 연중 기온이 높고 강우량이 많은 것이 특징이다.
오배자 붉나무에 생기는 혹 모양의 벌레집. 타닌이 들어 있어 기침, 설사, 출혈증의 약재로 쓰거나 잉크, 염료 따위의 재료로 쓴다.

자생지 식물이 저절로 나서 자라는 땅.
재배 한계선 농작물의 재배가 가능한 지역의 범위. 여러 환경 조건의 제약을 받아 일정한 범위로 한정되어진다.

촉수 하등 무척추동물의 몸 앞부분이나 입 주위에 있는 돌기 모양의 기관. 촉각, 미각 따위를 느끼는 감각 기관인데, 일부 포식 기능을 가진 것도 있다.
치사율 특정한 병에 걸린 환자들 중에서 그 병에 의해 죽는 환자의 비율. 백분율로 나타낸다.

토질 흙을 구성하는 물질.

패류 조가비를 가진 연체동물을 일상적으로 통틀어 이르는 말.
포식자 다른 동물을 잡아먹는 동물.
포자체 홀씨체라고도 한다. 조류(藻類)나 고사리처럼 '세대 교번'을 하는 식물에서 홀씨를 만들어 무성 생식을 하는 세대의 식물체. 무성 생식은 암수 배우자의 융합 없이 이루어지는 생식법이며, 유성 생식은 암수 배우자의 융합이 필요한 생식법이다. 세대 교번이란 무성 생식을 하는 무성 세대와 유성 생식을 하는 유성 세대가 번갈아 나타나는 현상이다.

환경 지표종 특정한 환경 조건을 나타내는 생물을 '지표종'이라 한다. 지표종을 통해 생물이 생존하는 장소의 환경 조건을 추측할 수 있다. 예를 들면, 갈대를 통해 그곳의 지하수가 얕다는 사실을 추측할 수 있는 것 따위다. '환경 지표종'은 환경 오염의 정도를 나타내는 생물로, 일부 청정 지역에서만 관찰되는 생물을 통해 그곳의 환경 오염 정도를 추측할 수 있다.
홀씨 식물의 생식 세포로, 배우자 없이 '홀로' 새로운 개체를 만드는 무성 생식이 가능하다.

우리가 잘 몰랐던 신기한 생물 이야기

1판 1쇄 발행 | 2015년 5월 15일
1판 2쇄 발행 | 2017년 1월 31일

기획 | 국립생물자원관 전시교육과 유정선, 양희선, 현창우, 임금순, 김실비아
지은이 | 강명석, 곽명해, 권선만, 길현종, 김기경, 김성현, 김수영, 김순옥, 김원희, 김진석, 김진희, 김창무, 남기흠, 박선재, 박찬호, 박태서, 박혜윤, 배창환, 변혜우, 서홍렬, 송영은, 안능호, 염진화, 오현경, 은예, 이병윤, 이상준, 임재원, 전주민, 조가연, 故최원영, 허위행, 국립생물자원관
펴낸이 | 박철준
편집 | 김다미, 김나연
디자인 | 디자인 팬더 oo
펴낸곳 | 찰리북
등록 | 2008년 7월 23일(제313-2008-115호)
주소 | 서울시 마포구 동교로18길 33, 201 (서교동, 그린홈)
전화 | 02)325-6743 **팩스** | 02)324-6743
전자우편 | charliebook@gmail.com

ISBN | 978-89-94368-36-8 (73470)

- 이 책 내용의 일부 또는 전부를 사용하려면 반드시 저작권자와 찰리북의 서면 동의를 받아야 합니다.
- 이 책에 수록된 모든 사진은 저작권 보호를 받습니다.
- 잘못된 책은 구입하신 곳에서 바꾸어 드립니다.
- 이 도서의 국립중앙도서관 출판시도서목록(CIP)은 서지정보유통지원시스템 홈페이지(http://seoji.nl.go.kr)와 국가자료공동목록시스템(http://www.nl.go.kr/kolisnet)에서 이용하실 수 있습니다.(CIP제어번호: CIP2015011139)

어린이제품안전특별법에 의한 제품 표시	
제조사명 찰리북	**전화번호** 02-325-6743
제조국명 대한민국	**주 소** 서울시 마포구 동교로18길 33, 201(서교동, 그린홈)
사용연령 만 9세 이상 어린이 제품	